LOCUS

LOCUS

LOCUS

LOCUS

catch

catch your eyes ： catch your heart ： catch your mind……

catch 175
個人意見之品味教學

作者：陳祺勳
責任編輯：繆沛倫
封面設計：聶永真
美術設計：IF OFFICE/www.if-office.com
美術編輯：林家琪
內頁插畫：石榴（P50、P51、P84、P85、P122、P123、P140、P141）
圖片來源：TOP PHOTO（P35、P36、P44、P49、P70、P70、P73、p76、
　　　　　P82、P109、P110、P113、P127、P129、P132、139）

法律顧問：全理法律事務所董安丹律師
出版者：大塊文化出版股份有限公司
　　　　台北市105南京東路四段25號11樓
　　　　www.locuspublishing.com
讀者服務專線：0800-006689
　　　　　　TEL：(02) 87123898　FAX：(02) 87123897
郵撥帳號：18955675
戶名：大塊文化出版股份有限公司

總經銷：大和書報圖書股份有限公司
地址：新北市新莊區五工五路2號
　　　　TEL：(02) 89902588 (代表號)　FAX：(02) 22901658
製版：瑞豐實業股份有限公司
初版一刷：2011年2月
初版七刷：2014年1月
定價：新台幣300元
ISBN：978-986-213-228-9

Printed in Taiwan

圖書館出版品預行編目(CIP)資料

個人意見之品味教學 / 陳祺勳著. -- 初版. -- 臺北市：大塊文化, 2011.02
面；　公分. -- (Catch；175)
ISBN 978-986-213-228-9(平裝)
1.時尚 2.消費行為
541.85　　　　　　　　　　　　　　　　　　　99025696

個人意見

之 品 味 教 学

陳祺勳 著

you are what you wear

　　玻璃假面的女主角，北島麻雅（也就是小時候譯作《千面女郎》裡的譚寶蓮）說演戲可以讓她過一千種人生，其實，在日常生活裡，光是一點服裝的轉換就足以讓你嘗試當別人的滋味，如果你在鏡前穿衣時心想「我今天的打扮很文青」，或「我這打扮實在太都會女性了」，那就表示我想說的話有一部分進到你的腦子裡了。

　　其實，不知道大家有沒有想過，媒體裡的時尚大師們，斬釘截鐵的告訴你該怎麼穿，什麼東西是不能沒有的，到底那份自信是哪裡來的呢？既然服裝雜誌可以教你如何扮洛麗塔或森林系女孩，那麼就角色扮演的意義而言，誰來決定洛麗塔或森林系女孩，是比歐巴桑時尚的？或者說，時尚不時尚，它是有一個量表在那裡嗎？有一個可以依循的標準嗎？

　　有人認為時尚就是嘗試不同的標籤，香奈兒、迪奧、山本耀司，其實你讀時裝雜誌，不只會讀到設計師的名字，還會讀到各種類型，比如七〇年代的嬉皮女孩、八〇年代的上班女強人、五〇年代的淑女、二〇年代的爵士女郎，她們會教你從頭髮到鞋子，到該讀的書和影片，到在各個分類裡理想的形象——時尚的樂趣不只在表達自己，還在可以扮成別人。

　　與其說這書是把人貼標籤，不如說，這是一個你可以照著做，像小時候在鏡子前面穿爸爸媽媽衣服扮成大人那樣的遊戲之作，當然，細緻一點來說，這世上有幾個人，就有幾種風貌，但在旁人粗疏的一瞥裡，很容易把人瞧扁了，分門別類的放進有著大標籤的資料夾裡，而把你不熟悉的標籤貼在身上，往往可以得到一種喬裝改扮以後的自由。

都會女性

松鼠只是打扮光鮮的老鼠，

而都會女性，也只是打扮光鮮的村姑罷了。

都會女性是一種過程，

所有胸懷大志的村姑，目標都是身上的鄉氣等於零，

這要多近有多近的過程，呈現出來的，

就是我們所見都會女性的萬般風貌。

都會女性界的指標,影集《慾望城市》的凱莉說過,松鼠只是打扮光鮮的老鼠。而都會女性,也只是打扮光鮮的村姑罷了。我朋友約會過一個女孩,他隨口說到老了以後希望回鄉下種菜,享受田園生活,想不到那個女孩忽然臉色一變,很堅決的說:「我從小就是城裡人!」不只視務農為畏途,甚至把想跟她一起到鄉下終老的想法當成一種侮辱。事實上,從小就是城裡人的固然不少,但細察那些在都市裡昂首闊步的時髦女子,其實往往來自各地,個個都是經過一番努力,一次又一次的衣櫃髮型甚至身材的改造更新,像動物的蛻皮,才有了現在的樣貌。

永遠是一種比較級

大城市裡充滿了從各地湧來懷抱夢想的鄉下女孩,她們身上彼此對立互相刺激的兩面,促成了都會的進步。所謂的都會女性,顧名思義,就是都會中的女性(廢話),但,都會中有各式各樣的女性,比如在台北東區,既有推著車賣切好水果的歐巴桑,也有睫毛膏一天用半罐,一個LV Neverfull包(這包號稱耐重一百三十公斤)可以裝進三個的辣妹,還有介於這兩極之間的各種不同類型,在包羅萬象這麼多女孩裡,到底怎麼樣的穿著和生活型態才算都會女性呢?

要談都會女性,得從村姑開始,村姑一詞仔細想想非常有趣,如果所有的人都是村姑,這世界是個地球村,那麼村姑這詞便沒有意義,村姑是自認為是都會女性的人對她們覺得不是的人的一種評價,其實,村姑和都會女性不是截然不同的兩個物種,而比較像是演化上的不同階段,一步一步的往前進,看起來是很不同了,但如果作DNA檢測可以發現她們其實一脈相承,骨子裡都是姊妹。

既然村姑和都會女性只是一種比較級,那麼,所謂的都會女性,精髓在於它是一種狀態,是一種永遠在接近某種目的的過程,比如說,台北最時髦的女孩也許到東京跟大家一比會自嘆不如,走在東京時尚尖端,到了紐約可能只在中段,

松鼠

哺乳綱囓齒目的一科。因為長相可愛,打扮花俏,又住在高樓層(樹上),大勝長相猥瑣,打扮普通,又住在地下室的近親老鼠,另外,和來往的人物也有關,老鼠最有名的朋友是忍者龜,但松鼠最有名的朋友可是白雪公主。

紐約女孩凱莉夠時尚夠都會了吧，到了巴黎她也被當成初進城的鄉巴佬，也就是說，所有的女孩，在某些人面前自覺是都會女性，在某些人面前則會徹底的被當成村姑。

精神內涵

都會女性永遠在試圖接近某種東西，試圖在「自我成長」或「提升自己」，西諺說 you are what you eat，對都會女性來說，she is what she buys，不只是實質上的購買，還包括了種種投資自己的行為，從聽講座到跳佛朗明哥舞，運動上除了有氧還有不可或缺的瑜珈，從學女性防身術到參加慢食活動，都會女性的手提袋裡除了化妝包和手機，精美的便當盒和養生的茶包之外，永遠都有下一個要學習的目標。

等等，先且慢看包包裡的東西，對，重點在包包。

包包即天下

都會女性的包包是一個充滿辯證、妥協、自我說服、後悔與猶豫、甜美的幻想與希望的東西，在購買前的思考過程，大致如下：

天啊就是這個包包就是它！（但這是不是太貴了？）

我需要投資一個好一點的包包可以用得久算起來我一天才花兩塊六毛錢。（但還是太貴了。）

我工作這麼辛苦應該好好寵愛自己一下！（但這錢我可以拿去付兩個月的房租。）

一個好的配件可以提升整體裝扮的質感。（重點是搭配的方法不在於花了多少錢。）

這是經典款可以保值。（笑話要保值該去買金條。）

可是別人都有。（可是我們不是要做自己嗎？）

所以其實我就是想要。（但我是一個堅強的女性應該可以抗拒物質的誘惑。）

什麼現在周年慶有滿萬送千？好吧這是我的信用卡⋯⋯

──你以為到這裡就好了嗎？怎麼可能！

瑜珈

在梵語，瑜珈一詞可以譯為「內在真我的統一」，印度古語說世上有兩種獲得永恆的方式，一是在瑜伽中離棄世間；二是在戰場上委棄身體，不過現在練瑜珈應該很少人是為了獲得永恆，多半是為了養生或鍛鍊身材，不過，瑜珈通常是一整套的生活方式，從少吃肉到開始穿著民俗風，乃至於靈修都有可能。

天哪我真的買了，大家會不會覺得我是敗金女？（這是我努力賺來的！）

這會不會畢竟是太貴了？（這可以搭牛仔褲可以搭套裝可以搭……等等那邊那一個多少錢？）

演化的關鍵點

村姑得先學習如何買到正確的包包，才能進一步的演化成都會女性，布赫迪厄說品味是一種社會資本，松鼠與老鼠的最大差別在於尾巴上的毛，村姑要邁向都會女性的目標，第一步就在選擇包包。

當然，絕對不是名牌就行，從頭到腳的名牌商品有可能很鄉氣，所謂的都會女性，她宣稱她的包包追求的是質感與設計，是經久耐用，絕對不是盲目的追求流行或品牌，而是經過仔細的考慮功能性與價值作出的理智選擇，都會女性的最大專長，就是用理智來包裝自己的衝動，而村姑，衝動一樣是衝動，只是包裝得不對。

所以都會女性的包包通常是耐用的、中價位的，當然是以不同等級市場的界定來說，普通的OL用專櫃品牌或到Coach，賺多一點的OL用LV的經典款，賺大錢的OL可能會用香奈兒或愛馬仕，但永遠只是牛皮小羊皮，不會進展到蜥蜴皮蛇皮鱷魚皮那種珍稀材質，不是她們付不起，而是花那種錢需要跟平凡大眾從基本上就不同的邏輯。

姿態與必然的差距

都會女性雖然也注意報章雜誌上的花邊新聞，比如哪個名媛或女星又做了什麼買了什麼，她們儘管不能說不羨慕，但她們總是略帶驕傲的認為自己與名媛或女星有所不同，她們認為自己的生活自己的樣子，也很好。一切的妙處都在那個「也」字，都會女性的裝扮就像她們的人生一樣充滿了妥協的智慧，薪水都砸在名牌包上了，鞋子就是專櫃貨，專櫃

理智

在商業上，理智動機指的是消費者對商品有清楚的了解與認知，在這基礎上作出的理性抉擇和購買行為。不過，更多時候理智理性，被當成一種包裝衝動的方法，捫心自問，在買東西時，應該很多人都會自言自語「我是一個理智的消費者，我是一個理智的消費者」吧，不過，其實自言自語這行為本身就距離理智很遠。

妥協

教育部國語辭典解釋，妥協是彼此敵對的雙方，彼此退讓部分的意見、原則等，以消除爭端，謀求融洽的行為。那自己內在的決定也可以妥協嗎？當然可以，卡通裡面常有小天使和小惡魔互相爭論的畫面，不過其實人生和卡通不同的地方是通常沒有哪一方大獲全勝，我們的小天使和小惡魔比較世故，大多是「好好好我們各退一步」這種情況。

貨的鞋子磨腳所以在腳跟貼一塊OK繃，這外套可不便宜，內搭的T恤就是在五分埔買的，為了寵愛自己所以買一套高級內衣，那化妝水就選開架式的吧，就這樣游移在高級與平價，奢侈與節儉間那種低中有高、高中見低的造型，是一整個都會女性Look的重點。

你也許要說，很多名媛千金或國際巨星也說自己喜歡便宜東西，喜歡到小攤子尋寶啊，她們也算是廣大的都會女性嗎？其實，這兩者間存在幾項基本上的差異，首先，名模千金與國際巨星這種女性，他們買便宜東西或上小攤子為的是樂趣，是一種紆尊降貴的姿態。

但身為受薪階級的都會女性，買便宜貨是一種與現實妥協的必然，再說高級貨與便宜貨佔她們衣櫃的比例可大不相同，以酒精濃度來譬喻，名媛的濃度像伏特加，那都會女性的濃度頂多像梅酒。致命的分野在於名牌鞋子的數量，都會女性不是不可能擁有Louboutin或Jimmy Choo，但真正的名媛千金和大牌女星是擁有很多很多根本沒穿過的Roger Vivier或Manolo Blahnik的（而且款式也有不同），最後則是對待物品的態度，名媛千金視名牌為無物，那只不過是個她們買東西的地方，但都會女性則會好好的保養與珍惜，不會隨便把包包往地上亂扔，因為，那可是用老娘的辛苦錢買的！

都會女性的年度活動

因為這點伶透的精打細算，你永遠可以在周年慶看到都會女性的身影，顧名思義，周年慶是某個事件周年的慶典，但如果說是百貨公司的開幕日嘛，又有點說不過去，難道百貨業者有志一同，都選在這個時節開幕嗎？有人說，這個活動起源於民國七十年代，當時尚未解嚴，辦活動一定要有個名目，台北市百貨商業同業公會因而以慶祝行憲紀念日的名目在十月二十五日起輪流舉行秋裝的折扣活動，從而延續到現在。

包包放地上

我有次喝咖啡因為座位很小，所以隨手要把包包放地上，被同行的友人嚴厲制止，好像我要在金字塔裡念喚醒木乃伊的咒語一樣。也不是說我不愛惜東西，那個包包底下有作金屬的腳啊。不過，似乎包包絕不放地上，是很多人的處世原則。

事到如今，當初的藉口行憲紀念日逐漸被淡忘，周年慶本身可是方興未艾，新聞台不斷強力放送推波助瀾之下，又是哪裡出現了誰光憑刷卡滿額贈就換到兩台摩托車外加八十萬禮券，又是哪家百貨公司推出下殺瘋狂折扣的超級特惠組引發大量漏夜排隊人潮，周年慶已經成為所有都會女性年度行事曆上的一件大事。

張小虹教授提過，百貨公司首度讓中產階級婦女從家庭空間的桎梏中得到解放，如果這樣的話，周年慶就是更進一步消滅消費罪惡感的解藥，在特惠的折價和贈品裡都會女性們得到救贖，藉由比較各家周年慶的折扣和贈品，在茫茫的消費大海裡彷彿有了方向，產生一種掌控的權力感。

一年一度精打細算的放縱（這家這品牌的特惠組兩罐都是正貨外加旅行組和滿額贈我一共省下了多少多少錢！）讓都會女性們可以忘卻去年為了湊滿額而買的現在還沒拆封的那些商品，陶醉於自己是個理性消費者的良好自我感覺之中。

2001年，聯合國教科文組織秘書長松浦晃一郎將「人類口述與無形遺產」納入世界遺產的保存對象，定義是「具有特殊價值的文化活動及口頭文化表述形式，包括語言、故事、音樂、遊戲、舞蹈和風俗等」。

事實上，就像櫻花鉤吻鮭一樣，集中在周年慶瘋狂消費的習慣是台灣獨有的，別的地區雖然也有折扣活動（就像別的地區也有鮭魚），但沒有一個地方像我們有這樣獨特的周年慶文化，所以萬一哪天周年慶盛況不再（雖然現在看來不大可能，只要有都會女性的一天，周年慶就永遠都會盛況不減），文建會可以慎重考慮拿這個去申請世界遺產吧。

另外一種分類標準

都會女性一詞還隱藏著某種年齡的分野，一般來說，二十歲叫學生妹，總是要工作了才能踏進都會女性的堂奧，也就是最近這幾年才興起的所謂輕熟女。

輕熟女一開始是個保養品公司造出來的詞，指二十五歲到

聯合國教科文組織
聯合國教育、科學及文化組織（UNESCO，United Nations Educational, Scientific and Cultural Organization），宗旨在通過教育、科學與文化來促進各國間合作，也負責管理世界遺產，通過它認證或指定的東西就給人一種金字招牌的感覺。

三十五歲的女性，從而衍伸出某種族群，工作一段時間的這些獨立未婚女性，在這之前她們猶疑於控油與滋潤，少女與淑女之間，行銷人想出這個區分，的確是一記漂亮招數。

瀏覽跟輕熟女或都會女性有關的文章，大部分都是我買故我在，從化妝技巧到服裝搭配，從下午茶到自助旅行，不再只是年齡分界，而是一組跟都會生活緊密相連，而且待價而沽的生活型態，好像要看清她們的身影不只需要照片，更需要研究她們的信用卡帳單。

很奇怪的，寫到這裡，我想起拳擊來，更精確的說，是勞倫斯‧卜洛克在一本小說開頭寫到的拳擊分級標準——「現在的分級標準比以往多兩倍以上，一下又是次什麼級，一下又是超什麼級，每一級還各有三種不同的冠軍。」多一個量級，多一輪比賽，多一種自我認同分類，就多一塊市場，以市場來說「想要」絕對比「需要」有利可圖得多。

當然，不是只有行銷伎倆這麼簡單，行銷要成功一定得反映現實，「輕熟女」這個市場的壯大有其社會背景，愈來愈多的女性開始思考自己有哪些人生選項，傳統「最後還是要回歸家庭結婚生小孩」的巨大背景齊唱音效降低時，內心獨白的小聲音就聽得比較清楚了。但那並非答案，而是一種伴隨著獨立產生的，我不禁要懷疑，所有的都會女性都在接近的某種東西，因而問題也特別的多，而在想出答案之前，就，套用一句陳腔濫調，對自己好一點吧。

在很多時候「想要成為」被簡化成「想要」，彷彿藉由購買，就可以變成那個投射的對象，這一點正是都會女性的一個特徵。追根究柢，整個輕熟女的形象，是對傳統社會價值觀的一種輕反抗，是種內在抉擇，那麼，從外部看，她們到底在這社會上的哪個位置呢？Google搜尋「少女」有一億一千萬個結果，搜尋「歐巴桑」時，結果則銳減到七十五萬七千個，「輕熟女」則得一百五十萬個結果，從這結果我們可以說，輕熟女介於少女和歐巴桑之間，但距離前者有點遠，距離後者近得多，而搜尋「都會女性」得到的兩千八百六十萬的結果，剛好可以說明它的涵蓋範圍。

下午茶

茶來自中國，但現在大家熟知的下午茶文化有強烈的英國色彩，本來是貴婦打發下午時光用的，對我這急性的人來說，喝下午茶無聊死了，幾個人面面相覷，想盡辦法搜尋出話來說，跟大多地方供應的點心一樣乾，如果沒有順便講一些重要的事，寧可不去，不過我沒什麼重要的事可談，所以幾乎沒有喝下午茶的機會。

永遠無法到達的彼端　　　　　　　　　　　　　　　

　　都會女性是一種過程，數學上有個著名的芝諾悖論，裡面
的兩分法悖論可以解釋這個概念，一位旅行者步行前往一個
特定的地點。他必須先走完一半的距離，然後走剩下距離的
一半，然後再走剩下距離的一半，永遠有剩下部分的一半要
走，因而這位旅行者永遠走不到目的地，所有胸懷大志的村
姑，目標都是身上的鄉氣等於零，如果每做對一件事就可以
把身上的村姑氣減掉一半，那可以一半再一半再一半無窮無
盡的切下去，身上的村姑氣愈來愈少趨近於零，你說要多近
有多近，但永遠碰不到那個真正的目標，這要多近有多近的
過程，呈現出來的，就是我們所見都會女性的萬般風貌。

文藝青年

文藝青年不只是一種打扮方式，

它更是一種心理狀態，

一種表達自我的方式，

一種存在於這世上的姿態

（或者從我的觀點來說，一種廣義上運用配件的方法）。

欲訊秋情眾莫知，喃喃負手扣東籬：孤標傲世偕誰隱？一
樣開花爲底遲？圃露庭霜何寂寞？雁歸蛩病可相思？莫言舉
世無談者，解語何妨話片時？
　　——曹雪芹，《紅樓夢》第卅八回：林黛玉，〈問菊〉

The relation between boredom and camp taste cannot
be overestimated. Camp taste is by its nature possible
only in affluent societies, in societies or circles capable of
experiencing the psychopathology of affluence.
　　——Sontag, Susan. "Notes on 'Camp'." Against
Interpretation and Other Essays. New York: Picador. USA,
1966.

　　本篇將從文藝青年的服裝打扮這種外在表相出發，接著，
不只教你怎麼看起來像，文藝青年其實更是一種心理狀態，
一種表達自我的方式，一種存在於這世上的姿態（或者從我
的觀點來說，一種廣義上運用配件的方法）。

一個令人感覺複雜的詞

　　文藝青年這詞讓人的情緒有點複雜，說一個人是都會女性
或男子漢，絕對沒法引起這麼複雜的反應，我想一般被稱做
是文青的人，帶笑否認的居多，否認是一定要否認的「沒有
啦我才不是文青」，但重點在於帶笑，無論如何總藏不住那
點在膠框眼鏡後面的笑意，至少我從沒聽過有人被稱作文青
因而翻臉動手的，之前網路上流傳的文青測驗，大量的人鉅
細靡遺的做完那超長的題目，然後再上網路跟大家分享說
「哈哈我不是文青」。
　　林志玲（1974-）說過她有一個追求者上前向她自我介紹
時說，「林小姐你好我是企業家第二代……」讓她啞然失
笑，因為真正的企業家第二代或小開不會用這樣的開場白，

我想文青在這點意義上（只有在這點意義上）跟企業家第二代是共通的，那就是，愈愛到處揚鈴打鼓說我多愛文藝的不是真文青而是伊能靜（1969-），遮遮掩掩不肯爽快承認的，反而才是真文青。至於為什麼會有這種奇特的現象，我想是因為文青都非常囉嗦的緣故，而這種真假之間的辯證與轉換，其實是很德希達（Jacques Derrida, 1930-2004）的（推眼鏡）。

　　一個經典的文青Look精華全在於刻意顯示的笨拙，瑪格麗特愛特伍（Margaret Atwood, 1939-）說，若是免不了出糗，不如假裝你存心出糗。我認為這是整個造型的精髓，因為你仔細想想，文青造型根本就是某種書呆子的福音兼避風港，當可以當帥哥的當帥哥去了，可以當美女的當美女去了，可以當運動健將的也當運動健將去了，可以當辣妹的當然不可能放過每一個展露乳溝和肚臍眼的機會，你看看鏡子裡面的自己，搖搖頭，決定剪個醜瀏海再戴副眼鏡，至少可以被客氣的稱之為很有個性（哦，當然不是說走這路線的人全都容貌平庸，應該說，這是一個所有人都可以達成的Look）。

　　文青look的妙處在於它老少咸宜，不分胖瘦，無論長相，反正你就是要挑戰主流社會的統一價值觀，要不跟隨流行，所以你從庸俗的大眾這人堆裡跳出來，加入另外一個人堆，在那個世界裡面大家跟你有相近的品味，你們出去旅行會拍自己的影子和路邊不認識的小孩，看電影時拒絕好萊塢，擁抱影展和記錄片那種會發手冊的場合，媽媽說人多的地方不要去，但人少了你又不甘寂寞，所以就像中國傳統的逸士高人，叛逆是叛逆的，但都是合情合理，有例可循的叛逆，自認為不隨流俗，其實消費的終究還是可樂，只是從原味換成健怡。

不可或缺的配件——眼鏡

　　要裝扮文青Look的外表非常簡單，首先不可或缺的是眼鏡，膠框尤佳，如果是金屬框不免看起來像奸商或政客，而顏色的挑選上，我建議你堅守黑棕二色，如果戴大紅的會像

主流社會

主流社會乍聽之下好像很龐大，又是主流又是社會，表示規模既大人又多，但其實不清不楚，總之大略的包括了比較多人接受的價值觀，道德概念，和想法，然後從來不乏人挑戰主流社會，其實沒有人可以挑戰主流社會的整體，通常是針對其中的一點，而且挑戰成功以後其實就是讓那新觀念可以為更多人所接受。

會計小姐，白色的則像討人厭裝時尚的會計小姐，不可不慎。便宜的固然好，有一段故事裝在小木盒裡的手工框更棒，因為那眼鏡的高價代表你不是學生，而是平面設計師或甚至廣告人之類文青夢想的工作。

眼鏡有兩種功能，一為讓戴者看外界看得清楚，二為讓外界看戴者看得不過於清楚（至於哪個功能比較重要，我不清楚），《金瓶梅》裡西門慶偷情密約後走在路上常戴著所謂的眼罩或眼紗，我想其功能正類似於現代人遮陽要帥兼而有之的墨鏡。

金末元初劉祁（1023-1259——維基百科有問題，我不相信劉祁活了兩百多歲）寫的《歸潛志》裡記載，當時已有用煙晶製造的墨鏡，衙門的官戴上不是為了遮陽，而是戴上了以後聽取供詞時可以不讓人看見他的反應。（這樣說來，《Vogue》的總編安娜溫圖〔Anna Wintour, 1949-〕看秀時戴的大墨鏡也正是一樣的功能），即使功能上純為矯正視力的透明鏡片，只要在鏡框上做點變化，也能改變一個人的表情甚至外型（不過當然，戴著眼鏡的記者克拉克肯特完全沒人認得出他就是超人是有點誇張）。

眼鏡起初自然是為了矯正視力而發明的，不過就像人類所有發明一樣，最後演變出的象徵性往往大過實際作用，十七世紀的西班牙人流行戴眼鏡是因為象徵身分地位之餘還看來不怒而威，民國初年妓女戴眼鏡是為了可以冒充女學生，小學時的我則以為戴上眼鏡後會顯得比較聰明（這想法本身倒是笨得很）。

自從好不容易弄到近視以後（小朋友不要學啊），便開始了我的眼鏡人生，上課時戴，念書時戴，逛街時戴，就連到了海邊半身泡在鹹水裡還是戴，衣服可以不穿，眼鏡是不能不戴的，不戴眼鏡認不得人不要緊（戴上了也不見的認得人，想是腦部的臉孔辨識功能有缺陷），就怕不戴別人認不出我，更怕照鏡子不認得自己，說真的，每換副新眼鏡就覺得自己動了一次小規模整型手術。

其實我近視度數不深，不戴眼鏡看東西頂多邊緣有點模

Anna Wintour
Vogue 美國版的編輯，招牌的瀏海髮型和大型墨鏡，她引領潮流，捧紅許多年輕設計師，首次製作的 Vogue 封面用一萬美元的 Lacroix 上衣搭配牛仔褲，也是牛仔褲第一次出現在 Vogue 的封面。她是穿著 Prada 的惡魔影射的本尊，個人風格強烈，簡直可以成為一個萬聖節打扮。

糊,招牌上的字只要不太小,還是可辨認的。之所以行動離不了眼鏡,為的是種安全感,張愛玲(1920-1995)說,說我們個人住在個人的衣服裡,如果是這樣,我戴上眼鏡,便是關好了門。

衣著的特色

要當文青不可以沒有T恤,但那T恤的選擇不可不慎,文青的特質除了刻意顯示的笨拙以外,更重要的,是囉嗦。所以任何你所選擇的東西都應該或多或少的在表達你自己,上面寫不通順英文句子的T恤不是不能穿,但前提是你得向大家解釋你穿這件衣服是為了表達你反全球化的立場和反諷而不是你英文程度有問題,上面的圖案靈感來自搖滾樂團的很棒,如果靈感來自經典文學作品更加厲害到起飛,一定要避免的是旅遊紀念品,比如印有巴黎鐵塔或幹綠島的天氣好熱,畢竟文青不是遊客,而是旅人,雖然我不太懂這兩者之間的差異,不過旅人肯定是不會購買那種庸俗紀念品,而是在隨身攜帶的手工紙小筆記本上圖文並茂的紀錄旅遊隨筆並黏上一片撿來落葉的。

解決了上衣接著是下半身,經典的文青Look便是牛仔褲搭上converse帆布鞋,缺一不可,切記牛仔褲要憋,我們又不是走嘻哈風又又又的ABC,更何況垮褲跟破爛converse天生湊不到一塊,線條不對,質感也不對,在你大部分的東西都準備好了以後,視情況加上你在創意市集購買的手工銀戒指,皮革編織手環或貝殼加上吉他pick項鍊,就可以準備去領養流浪貓了。

文青的必備小物

是的,你沒看錯,身為文青豈可不養寵物,寵物的選擇則要同時顧及有型有格和政治正確,任何看過繁殖場慘況那封網路轉寄信的人都知道不應該養名犬,更何況,適合養吉娃

反全球化

一種政治上的姿態,與社會主義,公共利益,反對企業和帝國主義有相類的價值觀。認為全球化只不過是帝國主義的新貌,不同於舊帝國主義運用船堅炮利,全球化下是用金融貿易與投資作為武器。反全球化也與環保有關,永續發展也是他們關注的一部分。

娃的是芭黎絲希爾頓（Paris Whitney Hilton, 1981-），適合養黃金
獵犬的是廣告裡的衝浪少年，認養流浪狗似乎又太過社區媽
媽，其他像金絲雀或巴西龜更加不必考慮，剩下的最佳選擇
自然是貓，萬一你真的沒法養，去那種貓咖啡店坐坐或拍拍
社區流浪貓的照片跟大家分享也算夠誠意了。

　　說到拍流浪貓的照片，是的，文青不可或缺的便是掛在胸
前的相機，而這相機的選擇要不偏不倚，如果是妖氣沖天的
粉紅寶藍隨手拍數位相機，那是給辣妹用來自拍用的，不
合文青的氣息，但那種一組好幾支鏡頭出門一大包的，又一
腳跨入了攝影愛好者的世界，文青的相機應該介於這兩者之
間，看起來有點專業而又不到過度，畢竟只是拍拍無關緊要
的浮光掠影，殺雞不需用牛刀，當然，lomo是扮文青絕對
不可錯過的選擇。

　　在選好相機以後，你還要順便選擇其它的電子產品，因為
這世上大多凡人都用windows，所以你偏偏用蘋果的話保
證顯得與眾不同，更何況，大家都知道微軟是一個邪惡的
跨國企業，所以當然要站到它的對面去（所以當大家知道蘋
果也是一個邪惡的跨國企業時，的確在文青圈引發了不小的
恐慌，還有人因為抵制蘋果工廠之前有使用童工的消息而決
定暫時停用蘋果產品，導致他有一個月都不接電話也不上
網）。

消費的精髓

　　從這個例子我們可以發現一個嚴重的問題，一個真正的文
藝青年是關心這個社會的，他應該要反對邪惡跨國企業對勞
工的剝削和全球化下對地方文化的傷害，那在資本主義高度
發達的今天到底要穿什麼呢？平價品牌的人權紀錄絕對經不
起檢視，高級時尚名牌不只太貴，它的人權紀錄，其實也不
見得經得起檢視，那怎麼辦呢？不會自己做衣服的人（其實
很多人還真的自己做）難道要裸體嗎？當然不必，二手衣店
是各位文青的寶庫，不只成全了道德良心，你買到的衣服既

Paris Hilton
以金髮無腦粉紅富家千金形象示人
的美國名媛，女繼承人、演員、
歌手與生意人。大多數人樂於痛恨
她，但她宣稱這只是她扮演的　個
形象，大眾文化的一個象徵物。
因為一支被命名為「One Night in
Paris」的性愛影片而聲名大噪。

有一段讓人神往的過去，又順便減碳環保，像這種把穿別人的舊衣服轉化成一舉三得讓人自我感覺良好的消費的能力，便是身為文青的精髓。

自我感覺良好，儘管幾乎是所有消費的前提，但身為一個文青，格外需要掌握其中的訣竅，不只是一衣一鞋，所謂的文青必須要花費時間金錢在可能令人表面上難受，實而內在自我感覺良好的東西上，比如，像前面提到的二手衣，一般缺乏想像力（或想像力過度旺盛）的大眾，可能會想說第一這不過是件舊衣服，第二誰知道是什麼死人骨頭穿過的，但文青就可以從中提煉出戀舊和環保，同樣的，身為文青一定要作很多文化消費，寧可餓得仙風道骨，也要花錢支持展覽、表演藝術以及電影，但那不是任何普通的展覽、表演藝術或電影，而是，要符合某種品味的。

所以當你想看電影時要想清楚，如果這電影裡有爆炸，你可能就不該看，如果有飛車追逐，請一定要向它說不，如果看見有普通女大改造變美女的劇情，馬上掉頭離開那裡，你該看的，是那些講話講不停的，走路走不停的，影片最大的高潮是有鳥飛過，即使有人露點也絲毫不能激起性欲的電影。

同樣的大原則可以推演到表演藝術上，比如前衛劇場或現代舞，什麼？你擔心你會睡著？第一，真正的文青不會因此睡著，第二，不然你以為他們為什麼要抽菸喝茶喝咖啡？過量的咖啡因攝取讓他們不管在多無聊的表演時都不會睡著，而且可以持續的喋喋不休。

更重要的是，我一再強調，表演失卻觀眾就沒有意義，所以當你完美的裝扮出了文青品味，怎可不讓人看見，西諺有云同色的鳥飛在一起，物以類聚的時候不只有種歸屬感，還可以從中比出高下，出席正確的場合除了可以讓你感到吾道不孤，還可以讓你有種比賽的快感，單純把豬養肥沒意思，非得聚在一起大家比個高下才算有趣。

表演藝術
一種藝術的表現型式，包括戲劇、音樂、相聲和舞蹈等。跟視覺藝術不同，表演藝術只在一個短暫的期間內發生，留存下來的影像記錄，劇本或道具只是驅殼，精華在表演時的短暫時間，有很多當下的元素包括在裡面，可以說每次演出都是一次再創造，一般來說是要買票花時間的。

出沒的場所

以下的場所是你可以出現的，第一，名稱裡有前或後的活動，比如，後現代，後殖民，前工業化時期（所以比如前日據時期文學之後殖民解析研討會就是年度不可錯過的活動），名稱裡有前或後的活動總是可以聚集大量的文青。

第二，名稱裡有小的場所，小劇場，小型展覽空間，大型象徵著人多，而且不符合文青好發議論的天性，你不想去看個前衛劇場表演結果發現會後沒有討論時間吧，或者說就算有，在場上千名觀眾哪有你講話的機會？我是說，沒人和你分享你的真知灼見，你會憋死的。

第三，如果你需要一個定點，那麼本來是個什麼別的東西然後改建成的咖啡館，是你的歸屬；原本是油漆行、破公寓、五金工廠或舊倉庫改裝成的咖啡店，是你永遠可以信賴找到同類的地方。

最後，從這些地方往往可以拿到其他相類場所的宣傳品，讓你的生活可以無限的連出去，讓你，怎麼說呢，可以深入閱讀這個城市的肌理。

至少從形而外開始

當所有的外在都齊備，並且找好出入的場所以後，便要修煉內在了，且慢慌張，要聽起來像個文青比想像中的容易，你只要想辦法讓談吐帶有學術批判味和文藝味就行了，也就是說，在言談間把一些作者的名字和文句當作配件來運用，就像本章一開頭就引了一段曹雪芹（1724-1763）一段坎普札記，儘管其實跟文章內容沒什麼關係，我引的這段坎普札記還根本就是從LV春夏服裝秀的報導裡抄來的，不過馬上顯得有種高尚的知識氣息，配件不管有形無形就是有這種妙用。

唯一比較麻煩的是，學術和文藝也有流行周期，好比村上春樹（1949-）已經過時，三毛（本名陳平, 1943-1991）更加提也不用提，薩依德（Edward Wadie Saïd, 1935-2003）之前很熱門現在

服裝秀報導

張愛玲說她愛讀俗氣的巴黎時裝秀報告，因為可以在裡面找到許多有吸引力的字眼，服裝秀報導可分兩種，一種是單場秀的評論，這就已經夠有趣了，還有大型的趨勢整理，有賴於強大的觀察和分析歸納能力，不同人在面對一樣的環境時，會因為天生的直覺和後天的訓練而對環境有不同的感受，過著採集生活的土著在叢林裡如魚得水，我們眼前雜亂無章的一片綠裡，他知道這果子可以吃，那種葉子不能碰，服裝編輯之於趨勢整理的能力與此相類。

冷了些，倒是蘇珊桑塔格（Susan Sontag, 1933-2004）最近有捲土重來的趨勢，在這上面如果你沒法寸步留心的話，我建議你第一固守經典，第二挑選姓名難以發音的作者，最後絕招是萬一你一時語塞，你永遠都有馬克斯（Karl Heinrich Marx, 1818-1883），所以一定要熟讀資本論，或者，熟讀資本論的導讀也行，因為我相信，實際上真的有讀完的人不多。

男子漢

好的當代男裝設計該像一首格律詩，

在外型的嚴格要求下仍然能展現出創意，

格律詩在種種規定之下，

仍然有很多境界高妙，自由自在的作品。

「堂堂五尺以上，我是男子漢。」我只能想像在寫這句歌詞的時候，這位敏感細心的作詞人（黃敏先生）為了照顧到廣大的聽眾朋友，把傳統的昂藏七尺一下縮短變成五尺（而且，還很親切的用了「以上」）。按照現在的算法一尺三十公分，五尺相當於一百五十公分，根據統計，本國成年男性的平均身高是一百七十公分左右，也就是說，這首歌是寫給所有的男人聽的。

我們常常聽到「這樣才是男子漢」或「要像個男子漢」這種說法，到底，男子漢是一種什麼樣的人，要具備什麼樣的條件，或者，依照本書的旨趣來說，至少看起來應該是怎樣呢？

男子漢的象徵與實際

男子漢Look的重點應該是強調陽剛的氣質，是一種一望即知「我是個男人」的吶喊，最粗淺（或者說，呃，最突出）的了解就是對陰莖的強調，從現代的新幾內亞土著到十五世紀英國的王公貴族，他們都會戴上一種翹得半天高的東西，當然，為了面子，大部分的陰莖套都比實際長度要長上許多（許多許多許多），這就告訴我們，裝扮男子氣概，最重要的是膨風，畢竟都有一句俗話流傳說靈芝的好壞決定在多醣體，男人的好壞決定在海綿體了，就算實際上的情況我們不得而知，至少得先看起來是那麼一回事才行。

從邱吉爾嘴上叼的粗大雪茄，到首富們遊艇上的船桅，甚至世界各地競蓋高樓的不理智行為，在在都證明了陰莖（實際上的，或象徵性的）大小，對男子氣概展現的重要性，所以，男子漢Look的第一點，是一只襪子。雖然市面上有售原理近似於魔術胸罩的魔術內褲，但那重點在於集中托高，而且遠不如一只襪子物美價廉，塞進一只襪子以後再穿上長褲，馬上讓你擁有天賦異稟的假象。

執行細則

　　在妝容方面（妝容！不過就像所有的角色扮演一樣，這是不可或缺的），本Look的重點應該在眉毛，我有個英姿煥發的朋友曾經私底下承認，他不去游泳的原因是因為他的眉毛是畫的（！），我的這位友人每天早上出門前都會花費很長的時間，一筆一筆的細細描繪眉型，務必要達到雄赳赳氣昂昂，英姿勃發的效果，雖然這動作本身其實充滿了女性的嬌柔，但是，一個真正的男子漢應該天不怕地不怕，他都可以手搏猛虎生擒蛟龍了，區區一支眉筆算個什麼，只有荳蔻少女才會有那麼多不必要的顧忌，真正的男子漢，應該要勇敢到……勇敢到可以大大方方走進MAC專櫃大聲的說「給老子一支眉筆」才行。

　　另外，男子漢Look不可或缺的還有膚色，畢竟，男子漢的粗黑劍眉如果生在晶瑩剔透瑩白賽雪的皮膚上，其結果會接近於京劇的花旦（或《色‧戒》裡的王力宏），所以古銅的膚色是不可或缺的，古銅膚色可以從粉底、仿曬霜，或日曬來達成。

　　為了要追求一種全身的效果，日曬自然是你的首選，脫衣躺在頂樓的曬衣場固然是一個選擇，但是天然日光其實效果不佳，如果沒有先全身去角質再恰當的塗上油或助曬劑，曬出來的效果就不會是健康的古銅而是一種不均勻的髒，室內用紫外線的日曬機省時省力，而且免去曝屍荒野的聯想，只不過，日曬機的效果又太過均勻了，會讓你看起來有馬里布芭比那種塑膠質感，而不是我們要追求的由大自然萃煉出的氣氛。我的建議是，先用日曬機曬出一個底色，再到海邊去待幾個下午，臉部則使用粉底來加深輪廓，最後用腮紅在顴骨和鼻樑上橫向刷一道，製做出仿彿由太陽親吻過的那種略紅的俏皮質感，就可以達到理想的效果。（跟傅培梅說的這雞先用醬油上色，然後再放進烤爐的概念可能有點接近。）

馬里布芭比
在七〇年代推出的芭比款式，被認為是芭比最深植人心的形象之一，一個愛好陽光的加州海灘女郎，特色在於她們的身上有曬痕，也就是你把她的比基尼脫掉以後，會看見她被泳裝遮住的地方是比較白的。

男子漢的髮型自然是短的，但短髮其實範圍很廣大，從當兵時被硬剃光的拙樣到九〇年代早期的個性女明星髮型，都算在短髮的範圍裡，一個真正的男子漢絕對可以花無數的時間把頭髮一撮一撮的抓起來，只要最後的成果看起來不像是你真的花了那麼多時間在頭髮上就行。

至於鬍子，我認為除非你有張大千那種天生仙風道骨的型格，不然還是打消這個念頭比較好，口字鬍像土匪，八字鬍像師爺，滿臉虯髯則讓人覺得你正在古裝片裡要攔路搶劫，一夜未刮的鬍根可能很性感很有男子氣概，但前提是你真的為了某種勞心勞力的大事而確實整夜沒睡。

在心理上（胯下的襪子）和臉上頭上都做好基本的準備以後，我們就可以前進到服裝的部分了。

男子漢Look的重點在於一切都應該跟當下的時尚潮流保持適當的距離，這一點分寸的拿捏非常困難，但至關緊要，想想看經典的螢幕形象裡，男子漢們都怎麼穿，他們表現的不是某個年代的特殊流行，而是一種對男性角色的概念性詮釋，一切都應該是基本而具實用性的，加上一點點因為歲月產生的風霜更吸引人。

嚴格中的創意

好的當代男裝設計該像一首格律詩，在外型的嚴格要求下仍然能展現出創意，格律詩在種種規定之下，仍然有很多境界高妙，自由自在的作品，在文字的限制裡展現出無邊無際的世界，使得這作品更值得細細欣賞。在有限的形式（西裝、外套、襯衫、毛衣、長褲）裡面呈現出創意，我認為是男裝設計最重要的一點，有很多人努力的打破男裝的形式，那些作品在概念上了不起，在時尚史裡面可能會有意義，但最終來說，說是社會上的性別刻板印象也好，一個男人想要被認真對待，一般來說最重要的就是不可奇裝異服。

重點是，你一定要考慮這個質料淋濕以後的效果，身為一

個性女明星

個性女明星是一個分類，就好像芭比娃娃一樣，有公主芭比、芭蕾舞芭比，一樣都是芭比，卻因為包裝而有萬般風貌，個性女明星賣的是酷，是特立獨行，所以你不會在她們身上看見大捲波浪髮型之類的東西，九〇年代王菲、關淑怡曾經掀起過一股女生剪平頭的風潮。

個男子漢，你需要在槍林彈雨裡躲在壕溝後面對你的弟兄大叫，需要在汪洋之中把老弱婦孺拉上救生艇，需要在暴雨當頭淋下時為了愛（或愛不著）而在街頭上失魂落魄的遊蕩，搞不好也不時需要從海裡一甩頭冒出來手上還用魚叉插著一尾跳動的鮮魚（最後一項可能有點過度啦），細想以上的這些情況，你不需要皮褲或者花襯衫。

此外，像是淺灰這種顏色應該盡量避免，再也沒有什麼事情比你穿著淺灰上衣時因為滿身大汗而讓衣服的胸前和腋下出現深色汗漬更狼狽的事了，白色或黑色、深藍、表現軍人氣息的草綠都是你的好朋友。

最重要的配件

說到男子氣概，很多人可能覺得要談白色的背心式內衣或者牛仔褲，再不然就要談車，但事實上，真正具體而微展現男子氣概的一項隨身配件，應該是錶。

在隨便哪個鰲三都可以租台好車（至不濟也可以買頂法拉利帽子）的今日，你手上的錶可以道盡你是怎樣的一個人（至少也是你希望別人把你當成怎樣的一個人），再說，沒有什麼東西比手錶更具有男子氣概的象徵了，對我來說，精密的高級手錶之於男子漢們，就好像衛生棉對女生的意義一樣，只不過是個小東西，擁有它卻可以讓你感覺上天下海翻筋斗走鋼索都無往不利。

剛正不阿的哲學

錶，是一種比時鐘小，用以隨身攜帶的計時器。以繫在手腕上的腕錶最為常見，其他如連著條錶鏈的懷錶，甚至掛在頸上戴在手指上的都有。不只單純的具有計時功能，負載更多的是裝飾與身分象徵，也是成年男子的玩具。

古代羅馬的喜劇作家Plautus說過：「希望神把發明鐘錶的人消滅，鐘點時分把我的一天撕成了碎塊，以前，我的肚子

衛生棉
所有電視上被廣告的東西裡最神奇的一項，擁有它以後宜動宜靜，靜可以一夜好眠，動可以滑水翻跟斗穿小白短褲跳上腳踏車，剎那間十八般武藝樣樣通，此外，超強吸收力還有許多用途，比如雨天掛在機車上的安全帽被淋成一碗水，據說衛生棉可以很快解決這個問題。

為我報時，它是所有計時器中最好也最準確的。」（這樣說來，肚子應該是鬧鐘的一種。）

我一直覺得鐘錶以及對時間的定義是人類試圖掌握這個世界的象徵，秒針移動一格的時間叫一秒，但到底是誰規定那格多大格的？古代巴比倫和埃及將一日區分為十二時的晝和十二時的夜，一時有六十分，再將一分除以六十就是一秒。

一九六〇年第十一次的國際度量衡會議對秒的定義是自曆書時一九〇〇年一月〇日十二時起算的回歸年的31,556,925.9747分之一為一秒，但追求精確的科學家對曆法的相對性感到不足，在第十三屆的國際度量衡會議，終於定義出一秒是銫133原子基態的兩個超精細能階間躍遷對應輻射的9,192,631,770個週期的持續時間……

我們可以繼續解釋一秒為什麼是一秒，但這樣一來本書就要改名叫《個人意見科學小常識》或者《催眠天書大全》了，且讓我們就此打住，來談錶吧。錶最特殊的地方應該在它的陽剛性，聽過很多人（男人居多）跟我大聊錶經（當然是機械錶，石英和電子錶是不值一聊的），關鍵字包括怎樣的技術可以讓錶多久才誤差幾秒，或者可以準確的顯示月相（我很想回答他要看月相只要看天空就可以了，而且知道月相做啥，準時插秧嗎）。Franck Muller做過一款錶，錶中附上四百年都不用調校的萬年曆（說真的，三百年後搞不好人類文明都結束了，只有它還在正確顯示現在幾月幾號，這意境細想簡直像首詩，或一個寓言）。

最常提到的關鍵字該是陀飛輪，簡而言之就是個減少地心引力對機芯影響的裝置，懷錶因為長時間垂直吊掛所以有需要，時下超高級腕錶上的陀飛輪和種種花巧，性質與所謂的男子氣概類似──實際用途沒有，但可以讓戴者自覺走路有風。

衝浪板

我本來想說，增加男子氣概最佳的配件之一應該是衝浪板，只要往衝浪板旁邊一站，馬上會有種陽光男孩氣息，就算肚子有點大，站側些也可以讓衝浪板幫你遮掉一半，不過缺點是沒法帶著去逛街，還有，如果那衝浪板是香奈兒的，偌大的雙C標誌也對男子氣概沒有幫助。

最簡單的做法

其實，所謂的男子漢是一種心境，是一種生活態度，重

點在於身體的狀態，我記得曾經在多年前的某集「女人我最大」裡，有個路人去那節目接受大改造要變成男子漢——這，就是所謂的請鬼拿藥單。要當男子漢嗎，不如先從這個小秘訣開始，那就是咬緊你後排的臼齒，這樣會讓你馬上自動擁有剛毅的面部表情，和一個充滿男子氣概的下顎線條。

關於時尚之一
The Fashion Canon

要談到整個時尚，

從包含哪些牌子，

該賣什麼價錢，

到時尚本身的定義，

穿在誰身上，

怎麼穿，穿去哪裡，

都是一個界線模糊但有清楚整體印象的概念。

Canon不是一個照相機的品牌，而是一個概念，一般譯作正典、教規，或者公認應該包含的重要作品，比如the Western canon，可能就包含聖經、希臘神話，一直到但丁的神曲，乃至意識流的寫作如James Joyce，它是一個讓人有整體印象，但沒有清楚界線的概念，有些東西會隨著時代的演進被放進這個範圍，也有些東西會被淘汰。

所以，我認為這個概念很適合套用在討論時尚的範圍上，品牌是很多人談時尚不可或缺的東西，哪些品牌是時尚，哪些又不是呢？當下時尚雜誌報導的範圍如果可以當作一個canon的參考的話，品牌如Chanel或Balenciaga顯然在其中，Mugler和Montana（不管是品牌名字本身，或他們所代表的風格）就已經逐漸的離開，副牌如Miu Miu可能算，但Just Cavalli就可能會被排除，這是在當下品牌範圍的討論，不見得以價錢作基準，比如American Apparel，就是服裝雜誌或名人都會用來搭配的平價基本款。

而從時間的縱深來看，二十世紀八、九〇年代的流行，一定會提到Mugler和Montana，Chanel當時已經不可或缺，但Balenciaga在那個年代的比重可能不夠，而要談到整個時尚，從包含哪些牌子，該賣什麼價錢，到時尚本身的定義，穿在誰身上，怎麼穿，穿去哪裡，都是一個界線模糊但有清楚整體印象的概念。

誰說了算？

可以接受時尚範圍這個概念以後，接下來一定要問的問題，是誰決定什麼是時尚？也就是，誰有這個影響力來決定誰能進入這個範圍，又是什麼因素讓某些東西離開？

容我拿一個藝術的例子來當作開頭，達達主義的宗師，當代藝術最有影響力的人物做的重要作品，杜象的「泉」，這個作品所經歷的過程，很能拿來在思索時尚定義時，作為一個參考。

在上個世紀之交美國有一個獨立藝術家協會，當時杜象是

達達
達達主義是一種反藝術，受到第一次世界大戰的影響而產生的，特色是清醒的非理性，拒絕傳統藝術標準。這名稱起源最流行的說法是1916年這些人隨便翻開一本字典指到一個字，就是「dada」，原意為搖木馬，不過這木馬的確踏進了傳統藝術之城，對後來產生了深遠的影響。

理事會成員，該協會的任務是每年舉辦一個前衛的展覽，宗旨是所有的東西都可以展出，一九一七年的時候杜象買了一個現成的便器，在上面大筆一揮簽了R. Mutt 1917（原因之一是不想因為自己理事會成員的身分來影響大家看待這件作品的態度），就有了「泉」這件作品，在理事會經歷激烈的辯論這東西到底是不是藝術之後，實際展出時這作品被藏了起來，所以等於沒有展出，最後這個一九一七年的原件不知所終，根據他傳記作家的說法，極有可能被當成垃圾丟了。

杜象後來說，這件作品是將藝術的層次從有型的製作提高到智識上的再解釋，儘管一九一七年的那個作品已經丟失，但在一九五〇年代開始就有他授權重新製造的「泉」再度出現，在許多著名的美術館展出，一九六四年他做了八版，成為許多國外重要藝術機構的館藏，一九九九年時這一九六四年八版的其中之一還在拍賣會上以百萬美元的價格拍出，二〇〇四年時這件作品被英國的五百位藝術專業人士票選為二十世紀最有影響力的藝術品，有人認為杜象藉由這單一件作品發明了整個觀念藝術的概念，當然，附會者就提出說他是不是做了這個作品並不重要，重要的是他選擇了這個東西，物品的原有功能雖是便器，但單純欣賞它的曲線可以找出文藝復興時期聖母像的輪廓和布朗庫西雕塑中的純粹性。

到底是概念還是反諷？

天啊，真是一堆廢話，我是說，如果始終沒人發現那是杜象的作品，或者是個別人想出這招，早在一九一七年被當垃圾丟掉以後，「泉」的故事可能就到此為止了，這個故事最吸引我的地方不是什麼創造了整個觀念藝術，而是杜象隱姓埋名的送了這件作品，當時最前衛的藝術團體也不能接受（還有想像中別人在激辯時他可能在旁邊偷笑的那個畫面），然後在五六〇年代他又重新授權少量發行，美術館和私人藏家爭先搶購的事件，如果這不是在談名牌，我實在不知道什麼才是了。

授權

將商標的權利經由合法途徑給其他的公司使用，七〇年代很多公司開始將自己的品牌名大量授權獲利，YSL曾經有過香菸，Pierre Cardin更是授權之王，從馬桶座到冷凍食品都有他的蹤跡。其他像Balmain和Balenciaga都曾經作過大量的授權，比如襯衫、襪子，和內衣褲，現在回想起來是一種殺雞取卵的行為。

34

1923 年的 Chanel

經典的香水瓶身造型，黑髮的香奈兒女士斜倚榻上，身邊散亂著布料，有個女裁縫正蹲在地上替模特兒試衣，而那個模特兒頭一擺就進入模特兒的世界了，我想時尚的氛圍、魅力、歷史，甚至氣味都濃縮在這張圖裡了。

杜象的蒙娜麗莎

杜象另一個有名的作品，畫了鬍子
的蒙娜麗莎，L. H. O. O. Q.，用
法文念起來是 Elle a chaud au cul，
她有個俏屁股，是現成物藝術的一
個里程碑，我想可以視作所有翻玩
經典的起源。不知道蒙娜麗莎經典
的文藝復興輪廓是不是跟「泉」這
作品裡別人聯想到的聖母像類似。

便器基本上都是差不多的,所以在R. Mutt(這其實是杜象愛用的一個諧音,R.M是Readymade現成物的縮寫,utt大聲念起來像法文的「eut été」,所以R. Mutt 1917的意思其實是Readymade once was, 1917,曾經是現成物,1917),也就是杜象發現它純粹的美之前,它就已經是這樣了,當時還可以說我們凡胎俗眼看不出這東西的美,那在大師發現這東西的美之後,隨便哪個便器你自己寫上R. Mutt(或隨便你愛寫什麼)就美了嗎?就具有一樣的藝術價值嗎?或者更市儈一點來說,就具有一樣的價值嗎?當然不是,首先你自己亂用別人的名字就是仿冒了啊,任何有常識的時尚人都知道仿冒一無可取,是國家社會的敗類。

到底有什麼不一樣?

仿冒這個議題是很有趣的,如果這些東西單純的本身就有美的價值,那麼為什麼仿冒抄襲就是一文不值?探討這個概念,讓我再向藝術借個例子,藝術家陳界仁有個作品,叫「自我盜版」,擺個無人看守的攤子,上面放滿一堆自己錄像作品的光碟片,旁邊有一空桶,模仿台灣夜市賣盜版DVD的形式,投錢就能拿走一片,光碟片的內容和畫廊售出有版次的錄像作品並無不同,但沒有藝術家的簽名和畫廊開立的保證書,順帶一提,沒有這兩個東西和限量編號,即使內容完全一樣,在將來的拍賣市場上它就一文不值。

我當然就想起在台灣名噪一時的Prada仿冒事件,某知名百貨公司販售的Prada包包,因為不是由正式代理商引進,啟人疑竇之餘有人拿回原廠檢驗,經過專家非常嚴格的分析,甚至徹底拆開以後,從內裡上一些小細節的不同,證實它不是真貨,這事揭發以後當然百貨公司很夠意思的全額退費,原廠也提醒大家要在正式授權的地方購買並認明保卡以免上當,但如果連原廠派來的專家都要經過仔細檢驗甚至拆開才能判斷真偽,這之間的過程實在是很值得玩味的。

許多人宣稱購買名牌不只為得是設計理念,也為了它的作

盜版
反對仿冒不遺餘力的人往往對盜版沒什麼意見,這是很有意思的,我聽過長居上海的人說,親友來找他,他詢問要不要帶他們去假包店,很多人對他曉以大義,但對於去碟店則躍躍欲試,一樣是個侵害著作權的行為,這中間態度的差異值得深究。

工和材質，如果假貨真的能做到以假亂真，那麼究竟那條分界線在哪？有人做過一個實驗，找來一群女生戴上名牌的太陽眼鏡（通通是真貨），一半被告知她們戴的是真貨，另一半被告知戴的是假貨，結果戴假貨的女生們數學考得比較差，比較容易出錯上當，甚至比較容易認為別人的道德低下，由此可見戴假貨會影響人的自我價值和感覺云云，我認為這實驗只做了一半，其實還需要一個對照組就是讓她們通通都戴上假貨，然後也照樣一半一半的告訴她們戴得是真貨和假貨，此時自認為戴真貨的人，也會一樣數學考得比較好，比較不容易出錯上當，覺得人性比較高貴嗎？

到底界線在哪裡？

德希達的解構主義拆解真偽二元對立，香奈兒說抄襲是最真誠的讚美，紅樓夢裡有句假作真時真亦假，仿冒品不只是單純的擬態扮富貴，也不單單是個笑話，更充滿了對品牌價值和身分象徵間永不停歇的辯證和翻轉。

尤其是，當品牌也加入這種致敬翻玩的行列之中後，就又更加複雜了，潮牌喜歡玩名牌的標誌，時尚品牌如Moschino對Chanel經典元素如黑白滾邊軟呢外套的借用，推出上面寫著「Pasta」小三角鐵牌的背包都令人印象深刻，看Marc Jacobs的作品，一路而來更可以看到他向川久保玲及Halston，Missoni等大師致敬的痕跡，更不要說各個品牌的新任設計師，是怎麼樣不斷的重複，或說翻新該品牌的設計元素。

Karl Lagerfeld基本上拿著Chanel女士創造出的眾多詞彙做了二十年的反覆演繹，Dior的John Galliano更是把古今中外的時裝史當成參考書，今天做上海美女月份牌，明天做印地安公主進巴黎。那麼為什麼他們不是抄襲仿冒，而是別出心裁的致敬讚美？畢竟很多假貨也都推出了本來該品牌根本沒有的款式，逛逛賣仿冒品的地方，會看見許多奇特的混合物，比如經典Chanel皮帶穿金鍊的肩背包有著Prada的

三角鐵牌，機車包上面有著Gucci經典的印花絲巾圖案，為什麼這些東西就是使人發笑，而Marc Jacobs每一季靈感來源從YSL到Lacroix的系列則每每被時尚雜誌盛讚是一種全新的觀點，還時不時進入那一季的十大最佳系列？或者說Balenciaga就有推出跟二手市場上古董皮衣完全相同的款式（這一點實在很杜象，挑出一個現有的東西掛上自己的品牌名），時尚基本上自稱強調的是原創性，所以以這個觀點去不齒仿冒品，那，當時尚現在的領導品牌都在從前人身上發掘靈感時，這個界線到底在哪裡呢。

潮流與時尚

　　且慢回答這個問題，讓我們先談一下潮。潮流跟所謂的時尚，感覺是兩個世界，但又互相有重疊的部分，首先我要招認，在這個世界上，最讓我膽怯的店就是所謂的「潮店」，除了潮店的店員通常都酷勁十足讓我心生自卑以外，那種店就像他們常點的聞不出是什麼味道的甜香，所販賣的品牌和風格對我來說，也簡直像是另一個世界一樣。

　　不只是雜誌裡的文字用詞，甚至連他們所使用的語言都帶有一種異樣的陌生感（好比那天店員對我翻動的每件衣服都以對我來說很奇妙的字眼諸如「這某某某也有在用」「你應該知道這牌子的主理人是」來解說，而最常用的則是「這款式很少發」「這款式上次發的時候一發就被搶光了」的這個發字，讓人疑心起該店銷售的到底是服裝還是香菇鮑魚）。

　　跟友人談論我到所謂的潮店跟店員互動的經驗，友人答以「但，你去那種店幹嘛？那些衣服不是為了你製做的」，當時我咕噥了幾句「我也想了解一下時下的年輕人嘛」，自己都產生一種偷閒學少年政治人物跳街舞那種不搭的罪惡感。

　　其實，我大可回答他「我是去作人類學研究」，人類學研究仰賴所謂的田野調查，所以帶著類似馬凌諾斯基觀察初步蘭群島參與觀察的態度去那類的店，應該可以發現到很多有趣事物。九〇年代以來的人類學早已不只著重於研究未

政治人物跳街舞

政治人物時時感到需要「親近時下的年輕人」，或者是哪個幕僚出的餿主意，所以許多政治人物都有跳舞或唸rap這種舉動，當然，與時俱進是很棒的，但做的半調子不過是健康操或數來寶，不，真的做健康操或數來寶可能還更有誠意更感動人些。

受全球化影響、具有奇風異俗的前工業化國家（所謂原始民族），而是以人類學方法來觀察我們社會中種種我們司空見慣但其實很值得研究的現象。

「潮」早已不再是一個形容詞，一提到所謂的潮或者潮流，我們腦海中浮現的是一種特定的族群形象認同，是某些品牌，某幾位這風格的領導者。作為一個特殊的文化，從觀察其顧客的年齡層，他們日常的舉止、他們普遍性的衣著共通點，到深入的了解他們習於消費的服裝品牌、音樂和行動，可以發現在與時尚類似的結構之中，卻有著大不相同的符號系統。

所以到現在我還是沒完全弄懂「潮」這件事，找到一個「潮人在線」的網站，原以為它可以解答我所有的疑惑，結果是個廣東與福建交界處那個潮州商會的網站，看完以後我發現我對「潮」唯一的了解，就是潮人做得一手好沙茶啊。

如果鑽石很便宜

潮算不算時尚？Bape或者Neighborhood算不算在Fashion Canon裡面？這個問題我們也先不回答。

有人要說，講了這麼多，時尚根本就跟價錢有關嘛，一般聊到時尚，就是指賣得很貴的衣服和鞋子配件，所以所謂的時尚就是有錢人或名媛身上穿的貴森森的東西，這話對也不對。

平價品牌是有可能進入時尚範圍的，一九九六年莎朗史東用Gap的套頭上衣搭配Valentino的晚禮服出席奧斯卡金像獎，當時這種舉動簡直驚世駭俗，用最大眾化的品牌搭配最頂級的設計，出席全球最光鮮亮麗的場合，從此掀起大家混搭不同等級品牌的一鼓風潮，到現在已經成為一個主流，不只如此，平價品牌也跟設計師合作，跟H&M合作過的設計師有一長串，從川久保玲到Alber Elbaz，引起強烈的排隊風潮，這些衣服在ebay之類的拍賣網站上有些被炒到跟該品牌折扣後差不多的價格，當然很多人會說雖然買到名設計

排隊

分配有限資源的方法之一，先到先得，已經成為現代人的基本常識。有些人特別喜好排隊，看到前面在大排長龍就忍不住排進去看看，算作是一種有秩序的看熱鬧，限量發售的商品，新開幕，往往會引發大量的排隊人潮，寸金寸光陰，一小時值多少錢可以從代人排隊這種打工來算出。

師的設計但還是大眾品牌的爛品質,但設計的市場價值在這裡是有點被挑戰的,有人說如果單純喜歡鑽石這種石頭的人會很開心鑽石可以便宜的被買到,問題是,鑽石如果從來就便宜,對很多人來說,也就不過是個會發光的小碎片罷了。

時尚季節的宗教比喻

所以,時尚跟價格之間的確有關連,如果莎朗史東不是用Valentino搭配Gap,而是穿一整身的Gap,可能會被批評裝窮裝個屁,如果只是個小牌明星而不是當時聲勢如日中天的她,甚至連注意都不會有人注意,而那些跟平價品牌合作的設計師,基本上都是先在高價的精英圈裡建立了名聲,才來這種偶一為之的時尚平民化。在outlet裡的衣服之所以引誘人願意大老遠的跑去在堆積如山的衣服裡搜尋,也是因為他們曾經有著輝煌的價格。

經由藏傳佛教發揚光大的北傳佛教,有個「中陰」的概念,眾生在壽終後進入輪迴前,所處的狀態叫「中陰身」,中陰身會隨著生前的形相而顯出一樣的身相,在這階段因為往昔的行為業力,在五趣六道中尋找緣分轉世,大善大惡者善者直登極樂,惡者直墮地獄,在兩者之間的色界欲界眾生,都會經過中陰的階段,當他所待投生的因緣成熟,就會以入胎和化生的方式決定投生的類別。

如果流行時尚以一季一季作為它的壽命週期,那上市之後卻沒人買直到過季的衣服就有點類似進入了中陰身的階段,大善者經典款如黑色圓領喀什米爾毛衣或香奈兒四個口袋的滾邊外套自然永遠被尊重寶愛一如身登極樂,大惡者如螢光橘半透明PVC迷你裙之類的東西自然該直接打進時尚地獄永世不得超生。

衣服們在當季的壽命結束時,外表上跟六個月之前完全沒有不同,但在價格和意義上而言是完全不同的存在;佛教裡並沒有個中陰身集散地的概念,天主教但丁《神曲》裡介於天堂和地獄間的Purgatory(中譯「煉獄」)有點類似,但又缺

過季

時尚無情的隨著時間一季一季的往前邁進,而且不只這樣,本來的春夏和秋冬以外,又增加了早春早秋這種系列,所以服裝店裡一天到晚在換季,過季一般而言相當於打折,有些小店會拿過季的東西原價賣,我每次都想到射鵰英雄傳裡黃蓉罵店小二:「你們這江瑤柱是五年前的宿貨,這也能賣錢嗎?」

乏OUTLET本身明顯的輪迴色彩，說實話，我覺得這些地方永遠有種異樣的感覺，因為賣的不是正價貨品，所以在燈光裝潢甚至服務人員的氣味上，自然無法與專賣店那種優雅尊貴又活在當下的氛圍相比，但最主要的原因，我想還是商品本身的關係，除去專為OUTLET生產的那些東西（我覺得這算作弊）不談，經過一番滄桑才到這裡的東西等待的，是第二次機會。

過了季來到OUTLET的東西，也是隨著它往昔的業力在尋找投生的因緣，剪裁質料都好的東西在因緣成熟時（比如那個獨具慧眼的人看出它的搭配潛力），這東西便能投生到好人家的衣櫥，又變回個人人稱羨的名牌貨，善哉善哉。

最後，「中陰」這概念跟我們常說的靈異不一樣，所以，各位施主，請不要用卡到陰來合理化自己在OUTLET裡失控的購物行為。

故事的後半部

時尚跟價格之間的關係是遮遮掩掩的，你每季花了大錢採購最新行頭固然很棒，但很有可能被稱為是個時尚受害者，所以不只要花錢，還要花心思，精打細算，這是打折買的，那個穿了十年，那是媽媽給我的，這又其實是我在小攤子上挖來的，時尚是一種選東西的眼光（你看，又回到杜象身上了，等一下還有更杜象的，那就是誰選東西的眼光叫眼光，又是誰東西的眼光只是他活在自己的世界裡）。

但，是誰的眼光呢？是服裝雜誌的編輯？大牌設計師？女星？名媛？說到世界各地對名媛風格的追隨模仿，有本時尚雜誌在芭黎絲希爾頓初露頭角時探討名媛如何形成，一位該社的資淺編輯取了個看似來自世家大族的假名，穿著該雜誌借來的華服出現在各大場合，用不了多久，各小報媒體已經不疑有他的報導起這位虛擬的蘿絲邱吉爾小姐一舉一動，一衣一鞋，甚至還出現一些聲稱認識她的「家族友人」來。

且慢下我們先敬羅衫後敬人或者名媛不過是個財富炫耀工

時尚受害者

Fashion Victim，據說是1989年Oscar de la Renta首度提出的，用來形容那些不夠了解自己，沒法從當季流行資訊中篩選出適合自己的元素，而把流行的東西一次穿上身的人，Versace說，當一個女人過度的按照每季的流行來改變自己的穿著，她就是時尚受害者。

具這些輕車熟路的結語，這故事有那麼一點耳熟，或者說，這是個熟悉故事的前半部。

看慣八卦新聞的我們可以很容易的講出在真實世界中，這故事後半部才是高潮所在，也就是接下來的起底，踢爆，醜聞滿天飛，最後這女人跌至谷底腐爛並銷聲匿跡。她們身上本來為大家所稱道的美貌和服裝品味，其實在被爆料前後並沒有太大改變，為什麼一夕之間就從千兩黃金變成破銅爛鐵不值一文？

仿效的意念

范伯倫的經典名作《有閒階級論》裡有段討論湯匙的文章可借來一用：「如果這支被設想為人工打造的湯匙經過仔細檢驗後，竟然是非常精細的仿造品，……則該件物品的效用，包括使用者以其作為美術品來觀賞所帶來的愉悅感，將立即滑落百分之八十或九十，或許還不只」。把「人工打造」代換成「出身豪門」，「湯匙」改成「名媛」，差不多就可以解釋前面提到的那種現象。

根據某些社會學理論，時尚是由模仿上層的意念所推動的，具有區隔與同化的雙重意義，不只是追求社會階級攀升，還充滿了文化及心理認同的意涵。照這樣推論，名媛的品味讓人認同，是因為那樣的品味代表了一種上層社會生活型態，如果這樣，假冒的名媛既然不屬於那個上層，一旦發現自己效響的對象不過是個假貨，庄裡成千上萬東施的反撲力道可想而知。

有句粗俗的話說沒那個屁股別吃那種瀉藥，對名媛風的追捧模仿則剛好顛倒過來，該是因為吃了同牌子的瀉藥，便幻想自己有個相同的屁股吧。

身份團體

有關時尚或藝術由誰決定這種話題，有無數的社會學家討

東施

莊子天運「西施病心而矉其里，其里之醜人見而美之，歸亦捧心而矉其里。其里之富人見之，堅閉門而不出；貧人見之，挈妻子而去之走。彼之顰美而不知矉之所以美。」是說西施心痛皺眉很美，有個醜人看到也學，一學有錢人看了躲在家裡不出門，窮人看了以後帶著妻兒逃走，這醜人只看到西施捧心皺眉很美，卻不知那是因為她本來就美，後人給她取個名字叫東施，因而有東施效矉這成語。

人類學的特徵往往也在服裝

人類學的插畫，我發現人類學插畫
很有趣的一點是，跟服裝雜誌一
樣，都以服裝配件的細節為主，有
時候不只全身，還有各部份的精確
描述，畫家在掌握各地民族的外型
往往有點問題，洋人畫的再怎麼樣
也帶點洋氣，但服裝配件的細節總
是很精確的。

論過，成英姝說學社會學的學生四處尋找可以研究的題目，
所以早就一無遺漏了。時尚是當代的重要文化，它與消費之
間的關係更是密不可分，我們可以藉由社會學裡對文化和消
費的研究，來一窺時尚的面貌。在社會學的理論中，對於時
尚和消費的討論，起源從馬克斯的理論之中，關於下層經濟
決定上層文化的論述，一路承襲著所謂的左派傳統，以至於
法蘭克福學派對於所謂文化工業的批判。一直到Bourdieu
對於階級、品味、文化資本之間關係的分析。

　　韋伯在《基督新教倫理與資本主義精神》一書中提出身份
團體的概念適度修正了馬克斯的上下層理論，認為經濟並非
是決定的最終因素。身份團體經常擁有一些地位優勢與地位
象徵，以彰顯其特殊性。相同身份團體的人，有其獨特的生
活方式，此生活方式主要是透過家庭背景、學校教育和某些
職業地位而發展出來的結果。

　　身份團體的交往具有限制性與排外性，通常他們只與同地
位的人來往，對於非其身份團體的人則採取保持距離與排斥
的態度（所謂「我們時尚人……」）。傳統的民主社會仍會發
展出身份團體，而且身分團體從過去由血緣決定，到現在已
經轉變成由你購買的東西決定了，人為了強調自己的優越性
和特殊性，而漸漸發展出身分團體。最後地位或榮耀常常是
建立在霸占上，所以時尚在某些社會學家的眼中，是表現這
種特殊性的一個媒介，好比所有的貴婦都用愛馬仕的皮包，
沒有彷彿就不是這團體的一份子一樣，然後一般的民眾不可
能走進愛馬仕就買到柏金包，這點也充分符合這個理論。

　　也就是說，相對於馬克斯強調生產工具的有無決定階層的
觀點，韋伯則認為，所謂的地位榮譽、地位優勢也意味著稀
有性與認可，馬克斯認為當不當老闆覺定了階層，韋伯更進
一步的說不只當老闆，還得表現出老闆的樣子。

　　然後，在探討時尚哲學時，齊美爾認為人是一種「二重
性的生物」，既是個體，又是社會，同時追求一般性和特殊
性，在這個基礎上。在某種意義上說，人必須透過模擬、模
仿這種行為，使得這種二重性的張力得以抒解。模仿使群體

**一般的民眾不可能走進愛馬仕
就買到柏金包**

關於柏金包的等候名單要等多久，
從兩年、三年、五年到關閉種種說
法不一而足，如果這樣，那些名媛
貴婦都是那麼久遠兜遠轉的計畫自
己兩年後的皮包採購嗎？顯然不
是。重點是要熟客，據說捷徑是常
去，每次買些小東西，大約一年
可以成功，聽過最快的故事是三個
月，在那三個月裡對銷售員有求必
應，花了百萬以後自然他就會把柏
金包賣給你，傳言姑妄聽之，花大
錢以後還是沒買到，請別怪我。

生活得以與個人生活發生關連，並使個人得以適應社會。

模仿的內在趨力

因此，模仿即是追求平等地位心理的外顯行為，但是又由於追求特殊性的趨力，使得人仍然會在模仿與被模仿中透過創造性的行為而區分彼此。於是，在社會發展的過程中，上層階級要使得自身文化可供其他階層模仿，以求得正當性為其地位聲望建立基礎，另一方面則要不斷確保區分的存在，引領新的時尚。不願跟隨時尚的人們其實也具有雙元性，這些不願模仿者乃是害怕自己捲入時尚中將被同質化，害怕失去個人特性，其實不過是參加另一種相反形式的模仿。

范伯倫也把區分視作人類自然的本能之一。他認為由於人類具有自別於他人的天性，在財貨消費發展之前，人們以「引人注目的休閒」、「誇富性休閒」或「炫耀性休閒」表現，進行與他人的區隔。隨著社會的變遷，消費力蓬勃發展，傳統上層社會以財富作為區隔的習慣，也逐漸向下擴散成為普遍的現象。他認為「財貨消費」絕大多數是屬於儀式性質，為了在消費行為中彰顯個人特質，故而以消費行為作為財富的證明之用，因此重視物品的象徵意義，而非其使用價值（所以名牌貨不見得好用）。

范伯倫也強調，都市化後生活習慣與職業型態的改變，原子化個人的分佈狀況，使得人與人之間必須在不頻繁且短暫的互動中建立個人印象，因此愈來愈傾向運用炫耀性消費行為來彰顯自身的優越，以達到區分的目的。齊美爾和范伯倫，基本上認為時尚是一種社會階層化的表現，一部分的社會精英先採用了某種風格，然後大家就會追隨它們，上層階級為了不跟大家一樣，所以就又換一種風格，就這樣一個跑一個追，造成了時尚的循環，尹文子的大道上也有「昔齊桓好衣紫，闔境不鬻異采」這種說法，齊桓公喜歡穿紫色，所以全國都不買其他顏色的布了。

不願跟隨時尚

跟時尚受害者相反，不願跟隨時尚，算是時尚的被迫害妄想症。對於宣稱「我作自己，不跟隨潮流」的人，欽佩之餘，不免懷疑，不跟隨時尚的話何必在乎時尚怎麼走？背道而馳這種舉動，其實也還是受時尚潮流的影響啊。

我想如果我是齊桓公，可能會有幾個合理的反應，第一是不介意繼續穿下去（實在有點難），第二是換個顏色穿（好比現在還是很多人會說那東西現在街邊的台妹人手一個我才不用這種話），這就合了齊美爾的理論，第三當然就是規定只有我能穿別人不可以，這點從古羅馬時期到日本的江戶時代都有類似的例子，中國傳統對於穿皮草，什麼身分和什麼季節該穿什麼種類，也都有詳盡的規定。

另外，Bourdieu認為，人的品味不是像許多人所宣稱的，來自天生的感受性，而是來自於階級作用的結果。文化已然成為消費社會的一個重要因素，沒有別的社會像消費社會一樣被信號與圖像所圍繞，藝文活動及時尚不僅具有審美與精神的消極意涵，也具備有更積極的經濟作用。在一九七九年的《論區分》一書，說明了品味等象徵性實踐行為，也就是文化消費或時尚導致社會區分，也造就行動者在其中的自我區分。

威爾遜則提出「連結組織」的概念，風格強化了我們與特定人群相互連接的意識，使我們對特定社群的從屬關係變得一目瞭然。風格聯繫著特定階級的特定人群，並且可以表達人們對所屬的階級的忠誠，從國中不改褲子就不夠拉風，到這季必備的是什麼什麼，都是這種心態的一個實踐。

時尚甚至未必等同漂亮

那麼，社會學家有找出時尚的範圍嗎？我想社會學是解釋某種現象的努力，但對整個現象這頭象，多半時候是瞎子摸象，摸到耳朵說象是扇子，摸到身體說象是一堵牆，摸到鼻子說象是一條蛇，在那個範圍裡是沒有錯，但始終未能作一個全面性的解釋。

時尚很多時候是穿給懂得人看的，所以嘲笑人不懂時尚，有些時候有點類似籃球選手硬要去數學競賽比身高，比是比贏了，身高輸的人多半也會不爽，但徹底是沒意義的一種比較。所以時尚不只是穿得漂亮嗎？我到現在也沒有答案，當

瞎子摸象

涅槃經卷三十「有王告大臣，汝牽一象來示盲者時，眾盲各以手觸。大王喚眾盲問之：汝見象類何物？其觸牙者，即言象形如萊菔根；其觸耳者，言象如箕；其觸頭者，言象如石；其觸鼻者，言象如杵；其觸腳者，言象如木臼；其觸脊者，言象如床；其觸腹者，言象如甕；其觸尾者，言象如繩。」比喻從自己看到的角度就想解釋全體。

然，穿上一件漂亮衣服的單純喜悅大家都體會過，但怎麼樣算是漂亮，怎樣算是時尚，則眾說紛紜，它是誰說了算？界線在哪裡？誰穿的對？該付多少錢？這一切又都是怎麼開始的？有很多不同的意見。

到底誰說了算？

我想到我很喜歡的一部電影《獨領風騷》（Clueless），是一部由珍奧斯汀的小說改編的青春校園片，片中的女主角穿著一件衣不蔽體的小洋裝下樓準備出門約會，她爸說那看起來像內衣，女主角說不不不這是件洋裝，她爸回道「誰說的」，女主角自信的回答「Calvin Klein」！

「誰說的！」這問題是整個時尚的大哉問，怎樣算是時尚，什麼東西該被放在Fashion Canon裡面，誰有資格說，我們又幹嘛要相信他們的話，是很值得思考的，終究到頭來，誰說的？雜誌的編輯？媒體裡的大師？隔壁的歐巴桑？說真的，為什麼不是我說，或者，你自己說呢？

LES DIFFÉRENTES POSITIONS SOCIALES DE LA FEMME

十九世紀的女性社會階級
社會階級總由服裝和工作來表現，
比如在這裡最低的是農婦和修女，
然後較高的有貼身女僕、女教師之
類，令人驚訝的是，在這張圖裡，
最高等級的不是夫人，而是獨立的
女生意人，這是一張職業婦女的
階級圖（而我還以為職業不分貴賤
哩）。

關於 The Fashion Canon，
我認為以下的概念或事物可供參考：

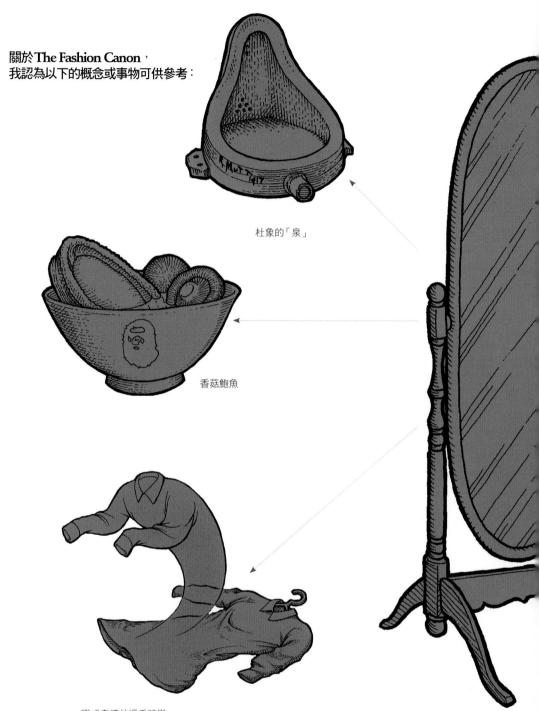

杜象的「泉」

香菇鮑魚

變成鬼魂的過季時裝。

鏡子是時尚的起點，也是讓我們審視自己的一個工具，不過
只照鏡子是很危險的，因為我們在對鏡時往往有選擇性的看
自己想看的，而忽略自己不滿意的部位，赤裸裸的真實有時
候需要攝影機無情的注視。

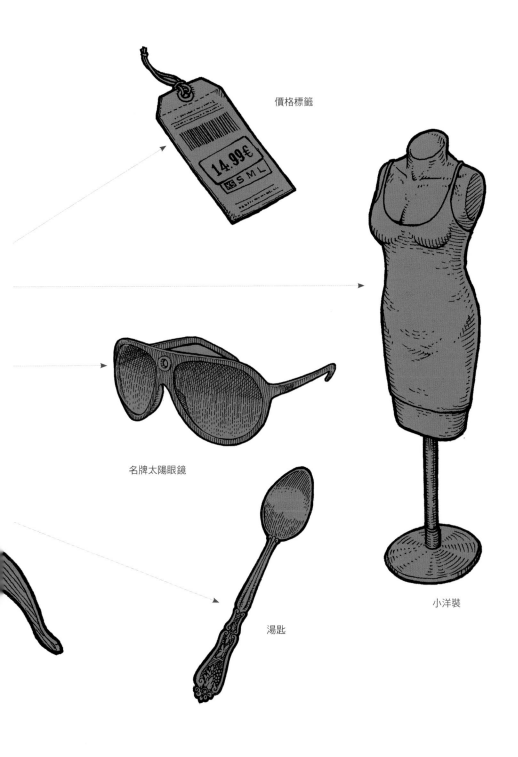

價格標籤

名牌太陽眼鏡

湯匙

小洋裝

新嫁娘

白紗，普遍來說是新娘的制服。
披上白紗是古典羅曼史的結尾，
也常是現代寫實作品的開端。
但其實在白紗大秀的前後，
還是有很多這個特殊的人生時期需要的造型建議。

　　村上春樹在《日出國的工廠》這本以日本的製造業為主題的書裡，訪問了橡皮擦製造工廠、川久保玲的外包裁縫工作室，和一間位於松戶，名為「玉姬殿」的婚禮會場，他說這樣的地方販賣的是「適度而可以掌握的感動」。

　　其實，各地的婚姻產業，所生產的該是「大眾想像中的幸福」吧，侯文詠《親愛的老婆》裡有段關於拍婚紗照的絕妙問答：「人人都知道那只是假象啊。」「你想，如果連假象都看不到，誰會相信真相呢？」

　　婚姻是人類學中的「通過儀式」，象徵人類學將文化視為一套符號與象徵體系的承載者與產物，「通過儀式」是人們在年齡、身分、社會地位改變時所舉行的儀式，服裝做為重要的象徵符號，婚紗，在當代可能是整個婚姻儀式中最重要的標記之一。

新娘的制服

　　白紗，普遍來說是新娘的制服。

　　這（大部份人都希望）一生只穿一次的白紗，這是少女時期夢幻想像力的極限，據說白色象徵著純潔，貞靜，帶有「一張白紙」的第一次暗示，少女時期的終點，人妻生涯的起點。但其實在白紗大秀的前後，還是有很多這個特殊的人生時期需要的造型建議。

　　為什麼婚紗多是白色，最主要的原因是一八四〇年維多利亞女王成婚時身著一件白色的禮服，這張婚禮照片登上當時的報紙，造成一股仿效的風潮，就這樣成為個傳統一直延續到今天（照這樣看來，維多利亞女王根本就是現代名人時尚潮流的鼻祖，稱凱特摩斯是二十一世紀的維多利亞女王也不為過吧）。

　　披上白紗是古典羅曼史的結尾，也常是現代寫實作品的開端，好多女孩一嫁了人就從原本文靜的依人小鳥變成掌握發言權的厲害太太，我總疑心那轉變的關鍵就在婚紗挑選的時刻，在那一刻這些女孩發現了她們達成目標的韌性，挑選

款式時掌握了冷血的決斷力，在大拍賣時首次從人群中殺出一條血路，在議價時學會妥協，在試衣時磨練耐性，或者，在台灣的話，在與婚紗店小姐的你來我往之間學會了歐巴桑的一切本領，婚紗挑選，是在這社會上當個好太太的預習準備。

對白紗的態度大約可做為一個女人心理年齡的判斷依據，張愛玲有篇小說〈鴻鸞禧〉，寫婚禮儀式後「樂隊又奏起進行曲。新娘出去的時候，白禮服似乎破舊了些，臉色也舊了」。可以從此推測，她「祖師奶奶」的綽號不是叫假的。

新嫁娘Look

當他單膝跪下，拿出那個預藏的小盒子，亮出鑽戒時，妳心中千頭萬緒（如果是電視台的購物專家，心中的千頭萬緒可能是「大約一點○六克拉，重量還可以，淨度VS2，差了點，不過誰會注意，成色介於F和G之間，這燈光下看沒辦法百分之百準確⋯⋯」離題了）。總之，在妳說好（並且尖叫落淚打電話告知親友或跑到曠野山谷吶喊老娘終於嫁出去了嫁出去了嫁出去了，畢竟，被求婚是人生中少數可以失態的時刻）之後，首要任務，是開始籌備妳的衣櫥。

讓我們稍稍倒帶一下，回到單膝跪下之前，理想的情況下，應該是在妳say yes的那一刻起就有著完美的造型，不過，無數的好萊塢電影教導我們，妳覺得他要求婚的時候，通常都是一場誤會，所以如果妳盛裝就為了答應他的要求，在期望落空回家的路上，妳會覺得身上這盛裝的每一吋都在嘲笑妳，所以，妳應該要注意每一次的服裝搭配，因為，被求婚的畫面通常是妳想一輩子記得的，自然希望那個畫面盡善盡美，但就像室內裝潢雜誌總要貌似隨意的丟上一條沙發毯一樣，妳應該把完美的造型稍微，怎麼說呢，弄亂一點，比如他約妳去浪漫海灘度假時，晚上到海灘去漫步，妳應該在鬢邊戴一朵路邊拈起的花，並且在輕薄的海灘裝束外面披一條披肩，如果是在家裡，則要注意家居服是否協調，最重

鑽戒

「鑽石恆久遠，一顆永流傳」其實是戴比爾斯想出來的廣告詞，大自然的力量能讓煤塊變成鑽石，真愛的力量也可以讓合成寶石變得比什麼都更有價值，不過，真愛就像大自然的力量一樣無法控制，還是聽第一代拜金女郎夢露的勸告吧，紅顏易老，郎情難料，色衰愛弛之後，鑽石永遠是女孩最好的朋友。

要的，是要鍛鍊那種又驚又喜的演技（觀看選美比賽可能有幫助）。

最終極的守則

我看過一篇文章，作者說她覺得很奇怪，身邊那些平常穿著俐落極簡套裝的女強人，一到了挑選婚紗的時候，都只想穿那種迪士尼公主的夢幻大蓬裙。這其實是一種非常正常而合理的要求，當然，這是妳的大喜之日，妳想穿什麼都可以，但如果你想讓這一天在往後的人生裡回味起來都盡善盡美的話，是有些規則可以依循的。

有一位非常有品味的女明星說過，她在選擇每一套衣服的時候，都會想「二十年後我看到這張照片會想死嗎」，不是女明星的凡人不需要過著這麼累的生活，不過，這個原則用在挑選婚紗上是對的。畢竟，妳的婚紗照可是要在將來給孫兒看「奶奶當年這麼美」用的，還有，說句不怕觸楣頭的話，至少在妳的告別式上播出的影片集錦裡，這張婚紗照是絕對少不了的，與其屆時躺在棺材裡輾轉反側，覺得老娘當時不應該選那麼蓬的袖子畫那麼不像自己的妝，不如趁年輕時好好準備，人生的路長歸長，但重要的照相時刻卻不多呢。

實用指南

挑選婚紗的第一個原則，就是簡單和經典，有很多人認為自己很有個性，想要挑迷你裙，或什麼高腰之類「比較特別」的款式，我勸告大家，迷你裙是給妳在四十歲前再婚時穿的，高腰禮服則在任何情況下都該避免，即使妳沒懷孕在場的賓客也都會竊竊私語說妳畢竟是在補票，萬一妳真的是在補票，那也沒必要讓大家都知道，婚紗選擇適當的表達身材，而又有正式感的款式是很重要的，尤其是，雖然我不確定一個女孩最美的時刻是不是穿白紗的時刻，但我有八成把

告別式的影片集錦
拜科技發達之賜，最近很多人流行在各種場合作影片集錦，比如婚禮時常有這對新人各自成長歷程和交往時的動畫播放，近來比較西化的告別式也有，相較於傳統的五子哭墓，這種方法更能讓人懷念，還有，人生真是不能沒有幾張好照片。

握那是妳一生中最瘦的時候,所以此時不展現窈窕的腰線和手臂就虧大了,另外,對於要循禮俗的新娘們,我建議不要選擇太誇張太大型的裙擺,以免萬一在你跨過火盆時引起火災。

其實,婚紗因為是約定俗成的純白,所以再難看也難看不到哪裡去,重點在配件的選擇上,最重要的是頭紗,如果妳想要夢幻曳地的長頭紗,禮服就該簡單點,如果妳已經選了很華麗的禮服,那頭紗似乎就該收斂點,在珠寶上,傳統婚俗新娘要戴很多金飾,跟白紗搭起來那真是再難看也沒有,活脫脫是宮廷味和嘻哈風的混搭,要戴金飾可以,但我建議妳在換第二套時可以選比較有東方味的款式再戴(但不要過度的東方,以免看起來像早期港片裡的女鬼),那個跟金飾搭起來就好看得多。

配件的選擇

搭配白紗最好的選擇當然是珍珠項鍊,單串經典簡潔,可以搭篷裙,如果妳是自認比較時尚的新娘,多層次的珍珠搭配合身線條的禮服也是一個很棒的選擇,如果妳想戴大型的耳環,時尚的作法是不戴項鍊,讓妳因為喜悅而光輝滿溢的肌膚當做胸前的主角,最後,雖然我知道很難克制這欲望,但我建議大家避免小皇冠,高雅簡單的髮型配上頭紗就已經非常足夠,頂多加上單圈的閃耀髮圈,如果戴上皇冠頭紗項鍊耳環,會讓妳看起來像是白色的聖誕樹而不是新娘,在試婚紗造型時,一定要謹記減法的重要性,不重要的東西戴得愈多,集中在妳本身的眼光就愈少。

一個好質感的,可以陪伴妳一輩子的首飾,絕對勝過包套租來的那些光怪陸離的水鑽假花,所謂的品味不只建立在妳選擇了多少東西上,其實,更重要的,是建立在妳拒絕了什麼上。

一對鑽石耳環,或一串好珍珠,這都是妳將來可以重複使用,而又帶有幸福回憶的東西,婚紗照拍好幾萬則徹底的沒

減法
尋找兩個數的差的一種運算。有個時尚規則是如果你經過鏡子看到一樣東西特別顯眼,就拿掉它。當然,規則是用來打破的,不過我認為減法是一個可以常常放在心裡的座右銘,太多重點常讓人茫然失措,我如果要把人生座右銘刻在首飾上隨身配戴,可能會在一個手環上面刻一個減號。

有必要，相信我，在妳婚後的六個月，任何人，包括妳和妳老公，都不會再有興趣打開那本東西，而且一般來說，婚紗照拍得愈大本，隨著時間的增長，它的愚蠢度也會隨之激增，我們人生會做的蠢事很多，但像婚紗照這樣留下厚重硬邊精裝還重達三公斤證據的真的很少，結婚的目的是要和眼前的這個男人共度一生（或賺回之前包出去的禮金），我實在看不出拍出一本完全不像妳們倆的寫真集跟這件事有什麼關係，另外，即使是單為妳老公著想也不該大拍婚紗照，因為根本沒人穿租來的白西裝配腰封會好看。

對了，順帶一提，伴娘，不知道為什麼，伴娘的禮服大多醜得驚人，可能是為了怕搶走新娘風采吧，就連婚紗界的女皇，王薇薇都曾經留下頭戴奇怪方型帽子的伴娘照，伴娘理應是妳最好的朋友或親戚，不應該這樣對待她們，建議妳可以選一個跟妳的白紗及之後的禮服不撞色，而且比較簡潔的款式。

婚禮之後

洞房花燭夜的服裝選擇一樣不可偏廢，經歷一整天婚禮的折騰，從早上四點起來化妝，挑吉時迎娶，到做完所有的民俗活動，到宴客，妳可能已經累得興致全失，所以這天晚上的服裝應該要以可以充分的休息為主，把那些花俏性感的蕾絲玩意留到蜜月吧。

歸寧時的服裝穿著，雖然不知道為什麼，傳統上給人的印象就是粉紅色保守洋裝搭配白色高跟鞋（WHY）的組合，這是婚後三天回娘家在中午宴客的習俗，我想傳統上的意義可能是想讓女方的父母問問看試用的感覺如何，不過現在只是結婚慶典的一個餘波罷了，在這天還是有請客，不過多半只限親友，在這一天的裝扮主題是，我剛剛成為真正女人的嬌羞，在場的人都心知肚明妳們過去二天幹了些什麼，所以這天如果妳堅持以什麼日系多層次或者硬派搖滾皮衣出場，就沒那麼合適，重點是在妳原有的裝束基礎上，加上一些更帶

成為真正女人

當年成功嶺有女兵的時候，記者去訪問阿兵哥對女兵上成功嶺的想法，有個天才回答「我想可以讓她們從女孩變成女人」，套用軍教片讓男孩變男人的邏輯，不過說真的，這位大哥，你確定成為女人是這樣成的嗎？

有女性化和豪華感的配件，婚後妳當然還是原來的妳，不過在這天，一點女性化的氣氛，和適度的奢華感是很必要的，我不覺得這天不能穿牛仔褲，但配件上比如加上值感柔滑奢侈的披肩，選擇夢幻的杏桃色或玫瑰之類的粉色系，搭配一雙金色之類閃耀的的平底鞋，就會很具新婚的喜氣。

所謂蜜月，不過是……

終於一路來到蜜月，不知道為什麼，說到蜜月我就想到熱帶度假小島，但其實有很多選擇，不管去哪裡，行李的打包都是一個考驗，理想之中，是在手提軟包裡以軍事化的嚴苛標準裝下能變化出十二種不同造型並能恰當的與地形地物（也就是當地的風光和紀念品）搭配，可以出席不同場合的單品，當然，任何有理智的凡人都知道，這是不可能的夢想，不管服裝雜誌和航空公司怎樣的循循善誘、苦口婆心，甚至是鞭打責罵（行李超重是要罰錢的），我們總懷抱著在異國艷驚四座的夢想，硬是多把那件其實根本穿不到的王牌裝塞進已經爆滿的行李裡。

最神奇的是，儘管我們拖著份量可比巡迴戲班的巨量行李出門，來到渡假目的地之後，出於某種玄妙的宇宙法則，在你有帶泳裝的時候當地往往會下起大雨，沒帶泳裝時偏偏陽光普照，行李裡全是短袖時會忽然颳起寒風，備妥雪衣時則會遇上百年難得一見的暖冬，即使幸運的猜對氣候，總還是會少帶一件內褲，所以旅館裡才會備有檯燈，因為你不可避免的要把內褲晾在上面。

不過，《慾望城市》裡的莎曼珊說得好，所謂的蜜月，就是有客房服務的性愛馬拉松，因此在這裡，我就不再提供到外面去逛時的穿著建議（好，其實還是有一個，拜託不要穿情侶裝，不要在澳洲買同款的無尾熊T恤，也不要在婆羅洲買同款的大王花T恤，總之，妳知道我在說什麼）。而集中在閨房的穿著上，我強烈的建議不要在這時候穿上角色扮演的情趣穿著，那是讓妳們在接近中年時重燃愛火用的，總是

情侶裝

交往熱戀中的兩人確認彼此愛意的種種表現之一，身穿同款式或互相搭配的服裝，戀愛是盲目的，因此情侶裝通常在品味上也很盲目。不過，愛都愛了，如果你非要穿情侶裝來向世界昭告你的幸福，就別管他人眼光，大膽的穿，至於本身其實不想，卻被另一半逼迫穿情侶裝的人，就當作是在愛情裡一點微不足道的小讓步吧。

要留個幾招以後在用，在這個時候，不只為了他，也為了妳的自我感覺，選擇游走在嬌羞保守與性感邊緣的款式，是最為恰當的。

鏡子裡頭的陌生人

　　我知道本地大部分的女孩結婚都還是租婚紗的，因為習俗不同，我們也沒有像國外那種購買婚紗的習俗，畢竟，買一套只穿一次的衣服，的確是種心驚肉跳的浪費，但我認為在這樣的場合裡，有一個中心思想，一個定見再去挑選是非常重要的，知道自己是誰，想好自己要什麼，並且謹記減法的重要性，以免被婚紗店牽著鼻子走最後成了公式化的一個陌生的別人，說真的，我看了很多親友的婚紗照，沒一個人我認得出來，我認為這其中有很大的問題，穿上婚紗的重點在於，在鏡中和照片裡出現的，是要結婚的妳，當新娘的妳，而不單單只是又一個新娘。

婚紗照
我個人想法中的十大難解之事其中一項，就是婚紗照，當然，結婚時穿上難得的婚紗想留下影像記念是很合理的，但到底怎麼演變成一整個產業，讓所有新人們穿上百變造型作出種種匪夷所思之舉對我來說仍然是個謎，還有，那些大本婚紗照到底在婚後兩年還被拿出來看的機率有多少？

逆境

安迪沃荷說過：「在未來，每個人都會出名十五分鐘。」

在這十五分鐘出名的機會裡，

如何扮演好這些角色的造型，是不可不慎的。

所有場合都有適合的造型，

從苦主到被捕，

從抗議到逃難，

有備無患，

是你掌握那些不可掌握逆境的第一步。

每個人都會遇到人生的逆境，在遇到這些不愉快的狀況時，從消極的當個苦主，到積極的走上街頭，甚至因故被捕，乃至於逃難，前三者可以上國內新聞，

天災人禍的逃難則可能上CNN。安迪沃荷說過：「在未來，每個人都會出名十五分鐘。」在這十五分鐘出名的機會裡，如何扮演好這些角色的造型，是不可不慎的。

苦主造型的重點

在逆境之中的人被稱為苦主，不管是老公外遇，或被倒會，乃至於去做債務協商，苦主造型有一個最大的禁忌，就是不可以太華麗講究，名牌盡量避免，當然有時候也有例外，比如當苦主本來就是名人時。明星苦主不可或缺的，是要戴大面積的墨鏡，最佳選擇是Chanel的早年款式，大面積粗框又有閃耀的標誌，衣著當然以黑白為佳，而且即使是黑白，也切忌選擇過於醒目的格子花樣，當然絕不容許什麼牡丹花甚至椰子樹熱帶魚的圖案。最好穿著已退流行剪裁的長褲，或者為了表示傷痛欲絕，不妨選擇成套的平價運動裝，那種束腳長褲的，如果是冬天，那麼在運動套裝外搭剪裁不合身的黑色套裝外套就既完美又得體了。

一定要記住的重點，除了半新不舊的質感以及不合身的剪裁以外，最重要的呈現出一種混亂感，至於配件，除了表現傳統東方情調苦主風格的玉石手鐲與金戒指之外，其他像什麼大面積的耳環，閃耀的別針皆在禁止之列。鞋子的部分應該是看起來像是出門隨便套的，如拖鞋之類。如果你腳上穿著精美的Louboutin或Manolo只會讓人覺得做作。還有一重要的配件——就是手上用來遮掩的報紙，以聯合報系或中時報系為佳，拿蘋果日報的話就有點不夠悲傷的感覺，雖然不知道為什麼，但是苦主通常都有報紙外套之類的可供遮臉。

在妝容部分，當然素顏為佳，如果非化妝不可，請選擇比膚色白一號的粉底，絕對不要用口紅腮紅，眼影當然提都不

安迪沃荷

當代最有名的藝術家，普普藝術的開創者之一，招牌形象是滿頭白髮，戴著眼鏡，當代最令人印象深刻的圖像，像康寶濃湯罐頭或瑪麗蓮夢露都出自他的手筆，或說再創造。他的作品模糊了大眾文化與尖端藝術的界線，是二十世紀最重要的藝術家之一。

要提，眉毛倒是可以好好發揮，髮型絕對不可以過於華麗誇張，苦主瀏海有吹角度是不可饒恕的事。長髮應該亂紮不平整的馬尾，如果是燙過的應任其蓬亂，絕不可以抹髮膠甚至上美容院。

民主時代的服裝素養

苦主的形成可能有很多原因，在當代的民主社會裡，有時候你不可避免的要走上街頭，此時又該做什麼樣的打扮？憲法第十一條闡明了人民的言論自由，第十四條則明載人民有集會及結社之自由，在有什麼訴求的時候，「走上街頭」是現代民主社會的成員的基本權利，在你有什麼不平的時候，這應該是選項之一。不管是走上街頭或在哪裡靜坐，去參加的人有想過要穿什麼嗎？我覺得大部分的人並沒有。

穿什麼是一件重要的事。仔細想想，如果做了正確合宜的打扮，報紙除了把你登在政治這個版面以外，搞不好還可以登上時尚生活之類，增加你想要表達的議題的曝光度，所以不可不慎。

Miuccia Prada 曾是共產黨員，參加過義大利的左派遊行，只不過當時的她可是穿著YSL左岸系列去參加那些遊行的。要去遊行或靜坐，穿著T恤或牛仔褲也沒有什麼不可以，只是未免也太普通了一些。想想看那些女明星為了搏版面所做的努力（想想那些政治人物為了搏版面所做的努力！），一個議題能不能被廣泛的注意，在現代的社會中很大部分是仰賴媒體的傳播，仰賴那安迪沃荷所說那十五分鐘名氣的。

首先，從實用的角度出發，如果要走長長的路，當然不能穿什麼難以行走的鞋子（很多民眾穿著拖鞋就走上街頭，在象徵性上可能有其必要性，但是天殺的誰知道在馬路上會踩到什麼，而且看新聞就會發現，馬路上的石頭出乎意料的多），舒適好走，且有適度保護足部功能的鞋非常重要。

此外，在配件方面，一雙堅韌的手套可以在拆除拒馬或蛇

共產黨

最早的起源是1848年的共產主義者聯盟，以馬克思列寧主義為宗旨，跟社會主義的不同在於共產黨的列寧思想帶有暴力成分。小時候說共產黨是罵人的話，我記得電影《滾滾紅塵》裡有一幕戲，男人在大街上離開女人，不甘心被離棄的女人報復性的指著他大喊：「那個男人是共產黨！」

籠的時候給你很多幫助，不可忘了的還有護目鏡和隨身攜帶的輕便型雨衣，不只是考慮到下雨的可能性，萬一警方出動噴水車驅離的時候，護目鏡可以保護你的眼睛，雨衣可以讓你不被淋濕，雨衣一脫就可以乾爽的回家。（萬一沒帶雨衣，你也可以在警方滿天飛舞的水柱之中一邊甩頭一邊擺出性感的pose，一邊大喊妳是我的巧克力或反對興建核能發電廠之類，如果你打算這樣做，一定要穿遇水會透明的白襯衫，想想看，一個政壇的性感偶像就此誕生！）

由於大多數的遊行靜坐要綁頭帶，所以有瀏海的鮑伯頭就不合適（因為沒地方綁），不過也不要因此男生就梳起賭神髮型，那太超過了。女生則應該綁一個清爽的馬尾（切記不要用什麼Hello Kitty或海綿寶寶的髮圈，太歡樂了），如果妳實在不想綁馬尾，那也可以把頭帶當成髮圈（這樣就可以留瀏海了），還多出一份隨興的時尚氣息。

參加遊行的妝容，從早期的憂國憂民形銷骨立黑眼圈風，到最近的草根鄉親風，都相當經典，憂國憂民形銷骨立黑眼圈著重在眼妝的描繪和深色粉底在法令紋部位的運用，草根鄉親則記得要表現出經歷風吹日曬的膚質。

談到服裝，大家可能以為同志遊行裡的水男孩裝扮是最輕鬆的，只要穿上一件巴掌大的泳褲就成，事實上，為了要穿上那巴掌大的泳褲，先前辛苦的密集健身，花費時間而且過程很無聊的日曬，都是要耗費無數心力的。性工作者阿姨們則令人讚嘆的在大太陽眼鏡帽子和口罩的妝扮裡透露出芬芳的女性化氣息。相比之下，其他沒那麼有趣的遊行，則尚有改進空間，除了色彩上的配搭（對某種色彩的人來說，出門前最好檢查一下身上衣物的產地，不，還是不要檢查好了，以免沒衣服穿出門）。之外，多一點時尚氣息也是我們所樂見的。

不可忽視的新聞時代

因為現在有好幾台二十四小時不停放送的新聞頻道，從女

Hello kitty

卡通可愛界的天后巨星，三麗鷗公司1974年創造出的卡通人物，星座是天蠍座，血型是A型，五個蘋果高，三個蘋果重，是隻左耳戴著紅蝴蝶結的白貓，出生於倫敦，有個比她不紅很多的妹妹叫Mimmy，在右耳戴著黃蝴蝶結，男友叫Daniel。

星吸毒到警方攻堅乃至於聚賭被破獲，還有不可或缺的抗議的人被抬走啦等等畫面，都深入了我們每一個人的生活。犯罪的因子潛藏在我們每個人的心中，萬一哪天（不幸的）被捕了，上晚間新聞時一定要有相應可搭配的造型，以免好不容易上了電視卻抱憾終生。在要談下面的個別情況之前，各位有意犯罪的人請注意，你們的首飾手錶之類一定要是銀色的，因為不管是手銬還腳鐐都是銀色，金飾和銀飾混搭基本上難度很高，不宜在這樣的場合隨便嘗試。

因故被捕可以從好幾個方面來談，首先，如果是女星因為吸毒之類而被捕，一定要抓住那種倉皇間仍不失女星風範的氣勢，所謂的倉皇首先是以髮型來表現，本來光滑直順或捲度均勻的髮型，這時候應該創造出略帶空氣感的毛躁效果，並任由一些髮絲披垂在嬌小臉旁的兩側，才能徹底表現出那種驚弓之鳥的感覺，在化妝上則強調蒼白粉底與無色裸唇，眼妝不必畫，因為妳要戴太陽眼鏡（就算要畫也要選防水的，不然一哭妝都溶了）。

至於如何表現女星風範呢？除了一再強調的墨鏡以外，最重要的配件是妳的經紀人。服裝上切記不要穿裙子或洋裝，長褲是妳最好的選擇，因為誰知道妳需不需要來個忽然昏倒或下跪之類的招式，另外，高級的披肩也不可或缺，隨意裹在身上的披肩不但可以遮掩一部分的臉孔（雖然不知道為什麼要遮臉，畢竟旁邊的跑馬字幕會不停的出現妳的名字），那柔滑的質地也可以讓妳在冷冰冰的警局裡感覺舒服一點。

接下來，如果你因為殺人或搶銀行而在逃，好不容易棲身在哪個舊公寓裡，在等待警方攻堅時也應該要做好被捕時上電視的準備，傳統的polo衫運動褲，這種經典的居家風味，也就是看起來像一般阿伯的平凡穿著就非常恰當，營造出「我也有平凡的一面」形象對你的審判似乎也比較有利的樣子。（可以想像新聞主播會說：「這位看起來很平凡的中年男子，居然就是犯下多起搶案的……。」）

如果妳有個在逃的他躲在妳家，妳不免也有可能會因為窩藏逃犯而被捕，在這種時候如果穿著Hello Kitty的粉紅色成

Polo衫

有領子，兩到三顆扣的T恤，法國的網球選手René Lacoste改良傳統打網球穿的長袖襯衫，折衷下出現這樣的樣式，由他本人在1926年的美國公開賽首次穿著，打馬球（也就是polo）的人也逐漸揚棄原本的傳統服裝改穿這個。如今已經成為一種廣為通行的休閒服，最常見於中年男子身上，穿著時須小心，一般這種衣服的質料很容易讓人顯得肚大。

套毛巾布睡衣頭上還綁個髮帶被捕就太丟臉了，不符合大哥女人的身分，應該選擇蕾絲鑲邊的絲緞小洋裝和外套，如果能在裙襬飛揚間無意間露出大腿上的鳳凰刺青就更完美了，然後在要到警局時，應該直接在絲緞內衣外套上一件黑色皮風衣，再用鑲飾水鑽的鯊魚夾把一頭長髮隨便夾起來，展現出浪漫中有狠勁，溫柔中有殺氣的風味。

　　打麻將之類在地下賭場被捕的穿著看似容易（就是打麻將時要穿的衣服啊），但是要展現出合宜度還是有困難的，一般來說應該要表現出你是去做別的事，看看能不能騙過警察說你只是剛巧路過這裡（怎麼可能），但如果你手戴鑽戒，上衣還寫著旺旺旺之類的字樣，那就連這點最後的辯解機會都沒了。

　　至於因為激烈的抗議行動被捕，大家都知道，上街頭抗議一定是有個目標（不然去幹嘛），而這訴求是一定要被看見的，從無數次的新聞畫面我們可以發現，警察會粗暴的一人抓頭一人抓腳把你橫向抬走，而在這樣的情況下往往會露出肚子，記者通常不太會拍抗議主題的標語，倒是對抗議民眾被抬走的畫面情有獨鍾，既然肚子在這時候是曝光率最高的身體部份，而且又會在晚間新聞的黃金時段播出（那時段的廣告一分鐘多少錢你知道嗎），所以一定要穿增大露出面積的低腰褲跟質料有彈性比較容易往上縮的上衣，並先在肚皮上寫好此次抗議的主題，比如「反對XX拆遷」或「捍衛XX工作權」之類，這樣才不會平白浪費難得的曝光機會。

終極逆境的造型

　　最後，是希望大家永遠不要遇到的逃難，讓我們簡潔的這樣說，逃難由於是一種臨時性的、突發性的行為，而且在兵荒馬亂之時你可能沒辦法仔細思考，所以最重要的是你一定要把握幾樣重要的配件，首先是頭巾，把頭髮包起來並在下巴處打結的對折方形絲巾是不可或缺的，雖然不知道為什麼，但所有的連續劇只要有演到逃難的必包頭巾，想必是怕

麻將

一種通行於華人地區的四人牌戲，傳說一位清朝的太守陳魚門為了怕士兵在守城門時打瞌睡，而把馬弔牌給守衛玩。但又嫌不夠刺激，所以加入東南西北中發白七張牌，從此守城的兵果然精神百倍（但不會忙於打牌而無暇守城嗎），再經由另一位漁民加上春夏秋冬梅蘭竹菊八張花牌，從此更加刺激風行海外，我曾經學過但始終沒弄懂，對我來說非常神祕。

被炮灰灑到頭髮吧。

頭巾的花色雖說是各憑喜好，不過既然你不是開跑車兜風而是逃難，在頭巾的選擇上應該簡潔樸素，或者選擇看起來就像是放了很久的款式，畢竟逃難是一個混亂灰黯的行動，表現得太悠閒或者太愉悅則不符合當下情境，所以在絲巾花樣上還是以保守為佳，如果是華麗的豹紋或者巴洛克風格，建議你還是逃到了安全的地方再拿出來使用。

比頭巾更不可或缺的逃難配件是小孩，嬰兒或者幼兒都可以，以一到三名為佳，帶太多小孩是不恰當的，除非你想表現行動藝術，而題目是「顛沛流離的白雪公主」，逃難時你的小孩很可能會走失，為了日後的重逢，小孩的打扮非常重要，如果沒有可供辨認的胎記或疤痕，你可以在他背上刺上姓名出生年月日血型星座嗜好學期平均成績病歷表和讓他過敏的食品及藥物等資料，不但方便日後相認，也順便方便認養他的人，如果你實在不忍心幫你的小孩刺青，那麼傳統的經典之作，分成兩半的玉珮也是一個絕佳的選擇。

在談完兩大重要配件之後，接著是行李箱，逃難時的行李應以輕便為佳，也就是說經典的 LV 箱子就不適合你（除非是走海路，這樣沉船的時候那就可以拿來當救生艇），一般來說應該選擇側背或後背的款式，以便空出手來牽小孩或者是在砲彈爆炸的時候用手捂住耳朵，當然，傳統的布包袱也是一個很棒的選擇，既輕巧又符合周圍環境，更棒的是還可以選擇和頭巾相搭配的款式花色呢！不過打包袱需要技巧，平常就要練習，以免真的到了逃難的時候，跑了一公里之後才發現自己背上只綁著一塊布，而本來裝在包袱裡的東西一件一件掉在地上描繪出你的逃難路線圖，那不是我們所樂見的。

在服裝造型的選擇上，應該走略帶運動風的 grunge 風味，用白話來說就是運動鞋搭配舊衣服，平常愛穿二手風的人有福了，逃難時將是你們的天下。在化妝方面，請強調蒼白的嘴唇，如果表現得太過性感，就破壞了整個搭配的協調性，最重要的是臉上一定要用黑色的顏料畫個不怎麼對稱

Grunge

本來是一種音樂風格，用在時尚方面，是這些樂團的成員在舞台上穿著的樣子，主要是從二手店找來的戶外風格服裝，比如格子法蘭絨襯衫搭上靴子之類，他們本來沒想過要時尚，Kurt Cobian 的髮型可能純粹是因為懶得洗頭而已。

的兩道，才能完整的呈現出逃難時那種驚心動魄，灰頭土臉，國破山河在的感覺。

隨時練習，隨時上路

　　時尚是種生活態度，是時候把那態度真正的融入生活了，在逆風的懸崖上往往能開出最美麗的花朵（有夠老套），在不是那麼寫意的人生階段裡，不代表就要丟掉原本的生活態度，張愛玲寫戰爭，說她同宿舍裡有個女同學聽到戰事消息發起急來「怎麼辦呢，沒有適當的衣服穿」！所有場合都有適合的造型，從苦主到被捕，從抗議到逃難，有備無患，是你掌握那些不可掌握逆境的第一步。

關於時尚之二
誇飾

誇飾是一種極端，

無論是體積，暴露程度，細節，價格與工藝，

但在過猶不及的拿捏之間，

我認為以誇飾這個手法來說，

做到極端自然效果強烈這是一種藝術。

　　時尚就像修辭，結構上要調節各部分比例，從一開始的先
聲奪人，中間的婉轉鋪陳，到令人回味再三的結尾，兼用適
當的配件像用華麗的成語烘托氣氛，最重要的，一篇文章
通常要抓住一個論點不放，就像一個造型最好從一個重點出
發，其他的元素與其協調，或刻意做一點小小的衝撞增加驚
喜懸疑，作文章和穿衣服，道理是相通的。而在時尚界最重
要的修辭法之一，就是誇飾，所謂的誇飾，用在文學裡面，
便是一種誇張鋪飾，超越客觀事實的修辭法，用在時尚上，
就是那些不合常理的，超越現實的，不符比例的元素。

誇飾的心理投射

　　大部份令人印象深刻的時尚畫面，往往都帶有誇飾的手法
在裡面，最根本的，模特兒們本身的存在就是一種誇飾，
從她們高挑的身段，難以比擬的纖細（或最近逐漸再度走進
主流的那種魯本斯式的豐乳肥臀，肉慾橫流曲折緊張的身
型），和精美甚至特異的臉孔，都是現實生活中平凡女性的
一種誇大化的形象投射。

　　用在服裝配件的細節上就更多了，誇飾的妙處在它沒有實
際上的功能，而只是一種放恣不講理的任性，在整個服裝時
尚的歷史上，貫通古今，橫跨全球，從中國古代的寬袍大袖
到歐洲宮廷的蓬裙，從新幾內亞男人的陽具套到瑪麗安東尼
裝飾著法國戰艦的高聳假髮，乃至於近來流行的超大墨鏡，
墊肩和曳地長裙，都是誇飾法用在時尚的最好例子。

誇飾法的翹楚

　　誇飾法的翹楚，莫過於高跟鞋。

　　當然，有人要說，高跟鞋對改善身體比例有幫助，讓人顯
得腿長更兼曲線窈窕，但高跟鞋設計的走火入魔，早已經超
越了整體造型的範圍，而成為一種執迷，一種對細節不合
理的追求，一種追求更高，更細或更粗，更閃爍更華麗的過

LA POULLE D'AUTRⱿCHE,

Je digere l'or l'argent avec facilitée|Mais la constitution je ne puis l'avaler

瑪麗安東尼的諷刺畫

瑪麗安東尼是很不受歡迎的女人
（畢竟她最後上了斷頭台），在這張
極盡誇張諷刺的畫裡，她被畫成一
隻屁股上結滿繽紛彩帶的鴕鳥，頂
著誇張頭髮，戴著鑽石項鍊，最妙
的是口裡還銜著一塊蛋糕（何不食
蛋糕？不過有一說是她沒講過這種
話，另一說是她說是說了，但說的
是更高級的奶油捲）。

程，端看過去十幾年來的鞋跟高度，就知道現代的女性已經
被訓練得可能可以加入雜技團了，較早些性感象徵的三吋鞋
跟已經不夠看，現在流行的是四吋、四吋半，或者加上前
底以後，甚至聳立到五吋的鞋跟，所謂的前底，就是在鞋
子的前面也加高，讓鞋子的高度雖然增加了，但腳弓起的
幅度不會那麼大，所以走起來不會那麼辛苦，像Christian
Louboutin的紅底鞋，前面加的軟底據說就是從法國的歌舞
女郎得來的靈感。

　　Helmut Newton在一九九五年有一組著名的時尚影像，
穿著極高高跟鞋的模特兒Nadja拄著拐杖，腿上裝著鐵架，
或由兩個男人攙扶著上樓梯，視覺上強烈震撼，但也強調了
時尚追求極致的那種誇飾，極高的鞋跟有其危險性，那種危
險性大家深知，但往往刻意的選擇不去在乎這件事，看看近
來的鞋子設計，真的覺得許多女性根本是在鋼索上生活，
Manolo Blahnik有過一雙細跟高跟鞋上市以後遭到回收的命
運，因為這雙鞋的細鞋跟由鈦金屬製成，讓它成為一種潛在
性的凶器，不說這種跌斷腿或者在走路時不慎一腳踩穿路人
腳背的立即性危險，長期來說還有很多骨骼肌肉方面的病變
在前方等待，但當然，在美與舒適間的戰爭，美永遠是勝利
的。

若是不能走路，那麼⋯⋯

　　鞋子似乎愈來愈成為一種設計師表達自我的媒介，許多
鞋子的設計真可以放進博物館，或真只該放進博物館，因
為實在不大能穿著走路，最著名的例子自然是Alexander
McQueen在2010年春夏的犰狳鞋，或者像Nina Ricci推
出過沒有鞋跟的超高跟鞋（鞋內暗藏鐵片，所以可以維持
起碼的平衡），走起來難度可能更勝京劇裡的花旦踩蹻，其
他，端看模特兒們在伸展台上跌倒的人數比例，也可以知
道這鞋子是否太高或在設計上令人窒礙難行，比如著名的
Naomi在伸展台上跌倒的事件，應該就肇因於那雙Vivienne

伸展台上跌倒
可能是伸展台上比走光更受歡迎的
餘興節目，到youtube搜尋，可以
找到一堆這種精彩的片段，厚地
毯，舞台特效，或鞋子設計不良都
可能造成，名模風範就是能夠一笑
置之並站起來繼續走（或跨過已經
跌倒的同事），而看秀的人則該克
制自己不要笑出聲來。

Westwood誇張的厚底高跟鞋吧，到了這種地步，鞋子已經不是穿著走路的東西，而是一種概念，或，像前面所說的，一種誇張的修辭。

近來由於流行文化的推波助瀾，對鞋子這方面的熱情有種超越任何其他地方，畸形發達氾濫的趨勢，端看那麼多光怪陸離的設計就知道，鞋子可能是這個世代時尚最重要的物件，如果每個年代的時尚都有一個象徵，從五〇年代的牛仔褲到八〇年代的女強人套裝，那這個世代的象徵，很可能是一雙高跟鞋，所以不只鞋面美，我們看到鞋跟加上流蘇走路時搖曳生姿，鞋底或是漆上大紅或是加上蕾絲圖案，而各種不同元素的採借更是永不停息，從不同的民俗色彩到動物，從運動鞋到登山靴，都可以看到它們顫巍巍的被加上高跟。

當然，很多人會認為高跟鞋跟性的連結很強烈，它讓女性足弓出現的弧度，跟高潮時是相類的，被瑪丹娜說過他的鞋比性還棒的Manolo Blahnik說過一個故事，一個女人到他店裡想找雙宴會鞋，他替她選了雙四吋高的綠色蜥蜴皮細帶涼鞋，這女人說：「穿這個不能走路！」Manolo回答她：「這不是用來走的，只要穿上這雙鞋往宴會裡一站，包準妳……」半信半疑買了這鞋回去的女人，過了兩天容光煥發的回到店裡：「這高度的款式我的尺寸通通包起來！」《慾望城市》這影集，隨著凱莉的性生活愈來愈少，她穿的新鞋也愈來愈多，讓我不禁想到，所謂的高跟鞋與性，或者買鞋與性的關連，搞不好其實就跟電影裡梅格萊恩在餐廳裡表演假裝高潮，隔壁的老太婆說「她吃的什麼，我也要來一份」差不多。

Tom Ford說他設計一個系列永遠從鞋子開始，所以當你不知道今天要穿什麼的時候，可以先挑雙鞋。

挑戰時尚的墊肩

不只鞋子，在衣裝上也有很多誇飾的案例，其中當然，讓人第一個想到的就是墊肩。墊肩是八〇年代的代表，穿上氣

假裝高潮

永遠的話題常勝軍，任何人都可以展現出演技的時刻，其實高不高潮只有天知地知，你知我知，為什麼要賣力表演，又大家為什麼對於有沒有到達這一點這麼感興趣，是一個謎，可能是因為大家習慣做人做事一定要有個目標吧。

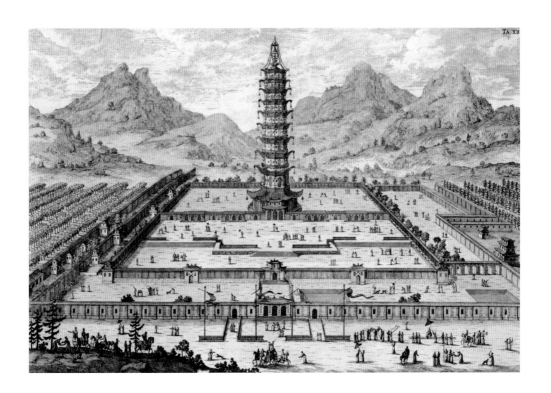

YSL 的 pagoda shoulder
得自中式寶塔飛簷

洋人插畫裡的中式寶塔，每層都有
飛簷，尖端掛著風鈴，中國風在國
外往往有很新鮮的詮釋，因為他們
不懂，所以樣樣都有趣，YSL 中國
系列裡著名的寶塔肩線，那曲翹的
斜度就來自這個地方。

勢雄偉墊肩的女人，其實是學得如何在一個男人的世界裡殺出一條血路，既然雄性動物在誇大炫耀上例子比比皆是，從猴子的紅屁股到軍艦鳥的巨大氣囊，那麼女人當然也可以和他們學上兩招，墊肩首次成為重要的趨勢是在四〇年代，因為戰爭的關係女人大量的進入職場，因此傳統那種纖細嬌弱的女性形象沒法面對時代的氣氛，在不確定下只好武裝自己，強悍的墊肩順勢而生。

墊肩似乎是一個時尚的禁忌，但就時尚而言，愈禁忌的東西愈讓人想挑戰看看，從YSL的寶塔式肩線，到Alexander McQueen知名的男裝西裝剪裁和女裝的小羊腿秀，到Margiela巨大誇張的平肩，以及這幾年演起一股風潮的Balmain俗麗風格，都是因為這種強而有力的誇張產生了令人過目不忘的效果，Balmain同一件金色的墊肩亮片短洋裝，在兩個月內登上了七本主要雜誌的封面，證實了誇勢法在時尚界的重要性。

事實上，八〇年代的墊肩講的是權勢，因為從比例上來看，無論男女，都讓人顯得脖子短，下半身的比例也不對，活像準備上場的美式橄欖球隊員，但寬大的肩膀產生一種權威的感覺，有助於妳在職場上橫衝直撞而比較不會受傷，在服裝上改變身體的輪廓用來做為權力的展示，一直有跡可循，伊麗莎白女王一世，也就是大約十六世紀的歐洲開始流行巨大的蕾絲領子，到最後甚至需要用特製的加長湯匙來喝湯，更有甚者，因為大家爭相把領子愈做愈大，導致有人認為應該推行一個按照社會階級規定領子寬度的法律，這些如今讓人看來像傘蜥蜴或把頭放在托盤上的領子可能有點可笑，但在當時在這領子上下的工夫可是為了面子，不管身上的其他部分打扮得再華麗，如果沒有盛大的蕾絲領子也沒法讓人留下深刻印象，算是誇飾法用在衣服上的一個經典例子。

墊肩

一種填塞在肩部，改變身形比例的服裝細節，一般認為是八〇年代的代表風格，常見於劇中潑婦、美式足球員及布袋戲人偶身上。一說是王昭君發明的（仔細想想，帽T也是她發明的），也有人說發明人是寫《夢溪筆談》的沈括。

誇飾的目的

用在服裝上的誇飾法，古代大多以大量和巨型體積做為重

點，除了當然，表示你能負擔起那麼多的布料和繁複的手工以外，隨之而來的行動不便，也代表穿著的人不必事事親自動手，有僮僕幫助他穿衣和生活細節，西漢末年富貴人家流行曳地長裙，拖得愈長愈奢侈時髦，但據說後來篡漢的王莽，他的妻子因為不穿曳地長衣，被不明究裡的客人誤認為婢女，還因此博得一個節儉的好名聲。

其實，不只服裝，化妝髮型有時也帶有一種誇飾的成分，好比眼妝，眼睛本來是一個有實用功能的器官，目的自然是用來看，但是當你層層疊疊的加上眼影眼線，戴上讓眼珠顯得更大的放大片，再貼上一大堆重量足以訓練眼皮肌力的假睫毛以後，眼睛的用途已經不再是用來看人，而是用來被看，這種眼妝畫法已經超越了傳統化妝那種粉刷的意義，而進入了所謂藝術上再創造的領域了，此外，如刻意塗紅的嘴唇誇耀著性感，拔細的眉毛強調著輪廓，都屬於一不小心就會跨入戲劇性領域的誇飾。

時尚上的誇飾永遠都帶有一種演出的成分，如果沒有觀眾，你的落力演出便不再具有意義，女強人的墊肩套裝是穿給職場的同事看的，服裝雜誌的封面訴求的是路經書報攤的讀者，曳地的白紗想讓親戚朋友印象深刻，誇張的眼妝和刻意噘起的嘴唇想要捕獲的是看相簿的無名網友，因為把音量轉到極大，所以讓人不由得轉頭看你一眼，至於那一眼裡面蘊含的是驚豔還是憎厭，則要看你運用之妙（或你對人生的樂觀程度）了。

減法的誇飾

剛剛講到的都是增加，鞋子加高、墊肩增厚、裙襬拖長、眼睛畫大，事實上，有時候東減西減，或者說東剪西剪，也是一種誇飾，端看各大紅地毯女明星的曝光量和走光量幾乎成正比便知，布料穿的愈少，往往吸引的版面愈大，珍妮佛羅培茲在頒獎典禮上一襲藍綠色熱帶印花的半透明Versace深V領禮服，胸前開個大V挖到肚臍以下，不只見證了剪裁

假睫毛

公元前兩千年在古埃及及和古羅馬的文獻裡就有假睫毛的記載（埃及人似乎相當強調眼妝，跟今日的網路正妹一樣），六〇年代曾經大為流行，當時的名模Twiggy纖瘦身材穿著短洋裝，短髮大眼假睫毛的樣子令人印象深刻，近年再度風行，在對眼皮肌耐力訓練的方面尚未見於醫學文獻。

CLEOPATRA

伊莉莎白泰勒在埃及豔后裡的
強烈眼妝

我想找一張最誇張最誇張的眼妝
圖，一開始找的是圖坦卡門的黃金
面具，後來想到只有演埃及豔后的
伊莉莎白泰勒最合適，埃及人是很
注重眼妝的民族，眼線液假睫毛都
是他們用的東西，而這主題加上浮
華的好萊塢，結合就創造出史上最
誇張的眼妝之一。

功力和她想要出位的野心勃勃,那些站在她斜前方四十五度角處的觀眾,想必也順便頌揚(或咒罵)了雙面膠帶的神奇。

說到靠暴露大膽的服裝出位,不可不提的應該是伊麗莎白赫莉,當時的她不過是個模特兒,是休葛蘭的女友,但在一個紅毯場合上,一件(又是Versace)的黑色禮服,簡單的細肩帶長禮服輪廓不只前胸超低,設計師在側面還剪開了一個縫,再用一排大型安全別針別起,這一剪讓伊莉莎白赫莉的名字從此家喻戶曉。

衣服布料的極少讓人不自覺的呼吸急促,尤其是那種就要走光的危險感讓人無法把視線移開,從紅地毯上的國際巨星到國道旁的台灣檳榔西施,都深知這減法誇飾的重要性,就像紅地毯上露出的乳溝或開衩盡頭處的大腿跟吸引攝影記者如閃電般的快門,檳榔西施們極短極輕薄的打扮想必也吸引了許多駕駛朋友的目光,她們身上的布料不以多取勝,而是以少來各擅勝場,這種穿得少的誇飾法其實更難,畢竟要用比一個三明治袋子大不了多少的布料做成一個完整的服裝,該把那些布料安排在哪裡的確煞費思量,或者說,該從哪裡把布料拿掉,露得出奇制勝,是需要很大工夫的。

意想不到的戲劇性

因為如果只是短而低胸,根本沒辦法引起討論和好奇,在這裡誇飾的手法有兩種,第一種當然就是像珍妮佛羅培茲那樣慷慨的大放送,短還要更短,低還要更低,一舉突破了好品味的尺度還不夠,還要連壞品味也為之臉紅,才算是減法誇飾的極至,好比香奈兒曾經推出過一款比基尼泳裝,上裝的布料少到連傷風敗俗都不足以形容,兩個用線連在一起的圓形,上面有著該品牌的雙C符號,設計師卡爾拉格斐不稱之為泳衣,他叫這東西做乳頭防護罩,模特兒戴在頭上的墨鏡都比這泳衣遮住的地方多,這是減法誇飾的主流。

另一種減法誇飾,則是減在(剪在)令人意想不到的地方,像伊莉莎白赫莉穿的Versace禮服真正性感處不在低胸

攝影記者
女主持人小S解釋說為什麼女明星都愛擺彎腰之類下猛藥的姿勢,因為一彎腰底下攝影記者快門的喀擦聲就開始不絕於耳,隨著回復正常姿勢就頻率又變得不再那麼密集。我們要感謝攝影記者,因為他們用鏡頭抓住的不只是一瞬間,而且還是大家都特別想看到的那一瞬間。

不在露大腿，而在側身的肋骨處那一排危險的安全別針，因為你露出了平時大家談性感不會想到的部位，所以讓人感到新鮮，強調本來被漠視的部位這一招，像川久保玲這一派的設計師就常用，所以她的黑皮衣底下有時會接桃紅蕾絲，露出的地方從手臂底下，下背部到側腰，這種意想不到部位的暴露因為其不合規矩，誇飾了本來不性感部位的性感，因此也更耐人尋味。

誇飾的心理狀態

從對不必要細節的重視，一路到加到最多、最特異，到減到最少，都屬於在外相上的誇飾法，事實上，誇飾不見得像大家想的，永遠是表現於外的那麼外顯，它有時候是一種心理上的狀態，用在商業操作上最為明顯，藉由這種心理上的狀態，讓人可以自覺富有、有品味、美麗或聰明。

最淺白的例子自然就是名牌的紙袋，到所謂的名牌店去購物，即使你買的不過是條圍巾，店裡的人也往往會用一個硬殼紙盒替你裝好，綁上緞帶，再放進一個碩大無朋的紙袋裡，下雨天還會在外面加上一個透明的塑膠罩子，務必要讓你提著在街上走時走路有風，所謂錦衣不能夜行的道理名牌店都懂，所以愛馬仕的紙袋是一逕搶眼的橘，香奈兒的紙袋是該品牌經典的黑，Gucci的燙著金字，LV的之前舊款紙袋還有著該品牌經典的epi凸紋，不管怎麼樣，紙袋除了要讓人一眼就可以認得出來，還得能在五十公尺以外的距離讓人一眼認出，手上提滿購物戰利品的虛榮興奮不只自己內心澎湃，名牌搶眼到令人有點臉紅的紙袋，還可以強拉路人的目光讓他們來跟你一起分享那份得意勁兒。

其實，深諳誇飾法則的莫過於這些名牌莫屬，如果你願意讀這些名牌的宣傳文字，會產生的反應不外乎是第一，天啊這麼厲害付這錢太值得了！第二自然就是，搞不好是他們故意說成這樣來解釋為什麼有這麼讓人倒抽一口涼氣的售價。

所以你會知道名牌用的牛皮完美無瑕，他們的牛養在沒有

名牌的紙袋

出於惜物的精神，名牌的紙袋的確應該好好利用，因為這些紙袋製作精美，而且據說成本很高，所以照理來說應該很耐用，但名牌紙袋最好的用法是你隨便把它丟掉，代表這玩意對你來說是沒什麼的。

蚊子叮的牛棚裡，他們的鱷魚皮是世界上最好的，產自路易西安那州的農場，每池的數量還有控管以免牠們打起來留下疤痕，你知道愛馬仕的皮包使用馬鞍針步縫所以超耐用可以用上一輩子（雖然的確沒聽過有誰把愛馬仕的包包用到破，不過那可能是因為沒人只有一個愛馬仕包包的緣故），你知道BV的編織手提袋耗時費工老師傅一天做不完一個，你知道香奈兒高級訂製服晚裝上的刺繡羽飾一天只能做幾平方公分，經典鑲邊外套背上的裁片一般是兩片但她們的有八片，下襬還裝上金鍊讓外套更加服貼合身，LV的皮箱經久耐用可以防水，遇到船難時還能當作救生艇使用，將這些製造過程中和產品本身簡直像是神話傳說的枝微末節跟大家掏心掏肺的分享，務必要讓你覺得每一次購買都保存了很多即將失傳的技藝，而且讓世界更美好。

當然，儘管我沒有確切的證據，但我認為名牌的價格也是這誇飾法的一環，至少，我在逛街時，一問價錢，如果比意料之中便宜或跟意料之中差不多也就罷了，萬一高出甚多，即使心裡會暗罵一聲死沒良心的商人，也難免會對那東西另眼相待，覺得一頂普通的毛線帽敢賣五萬，這種自信一定是有什麼過人之處隱藏在其中，而平庸凡俗的我看不出來而已，尤其是日本品牌，好比Master Mind Japan就特別擅長做這種事情，我一直這是覺得日本人的民族性，什麼東西因為很貴，就有價值起來了，懂得欣賞兩萬塊的草莓、十萬塊的哈密瓜的民族，也難怪會對各種各樣高價奢侈品情有獨鍾了。

奢侈品的心理戰

要談論奢侈品與時尚心理戰上的誇飾，手錶絕對不能不提。

如同我們在前面〈男子漢〉裡面提到，最高級的錶不是鑲滿了鑽石閃閃發亮的那些，最昂貴的錶，賣的是功能，是其複雜的機芯，所以名錶有三千九百公尺的防水功能（專為亞

LV皮箱

漫畫《金田一少年之事件簿》裡用過LV皮箱當道具完成不在場證明，兜手扶著皮箱當浮板游過河去完成密室殺人之類的詭計，LV皮箱的防水性已經到達都會傳奇等級，從鐵達尼號上面的乘客都用，到鐵達尼號船難被浪沖上岸的皮箱裡面衣物 都保持完好，到最誇張的從海底撈出的LV皮箱打開裡面都毫髮無損都有人說，我個人認為古董LV皮箱是理想的茶几。

特蘭提斯的居民設計），有四百年不用調校的萬年曆（服了長生不老藥的嫦娥可能會覺得這麼久才需要調一次萬年曆真的很方便），或者用最複雜的機芯設計來做出電子錶的顯示效果，陀飛輪原本是讓垂直懸掛的懷錶不受地心引力影響保持準度的設計，裝在腕錶裡面其實沒有必要，但一裝上這東西馬上價值倍增，戴的人也馬上自我感覺良好起來。

大家都說兩點之間最近的距離是直線，但曠日廢時，遠兜遠轉的路程搞不好可以看到更多風景也更為有趣。

總之，時尚精品的商業模式絕對把誇飾兩字用得淋漓盡致，套用張愛玲說牛肉庄的句型，也就是，這裡的紙袋特別大，這裡的價格特別高，在這裡，你的卡特別的該刷。

照這樣說來，誇飾就只是一種招搖炫麗、誇張暴露、價格高昂的高調風格嗎？當然，絕對不是這樣的，要知道，時尚的目的不只是讓人看見，還得讓人心生佩服才行，讓人心生佩服還不夠，因為沒有人需要那麼多路人甲乙的肯定，真正想要追求的，是你想要讓他佩服的人佩服了你，才是真正的成功。

最奇特的變體

在這個邏輯底下，因此，產生了誇飾的一種最奇特的變體，反向的誇飾。

走進各地最尖端最時尚的服裝店裡，你會發現掛在架上的衣服不見得件件都高調喧囂，也不見得都是最好的質料最精細的手工，反而有些乍看之下讓人無從了解有什麼好了不起的東西，比如極簡主義素樸的剪裁及解構主義的奇形怪狀，或者有些衣服，明明是新的，卻故意做成滄桑古舊的質感，這裡抽鬚那裡有洞的，不只這樣，連品牌標誌都小得很，對於一向服膺錢花這麼多logo沒看到不放心的人來說，可能很難理解。

事實上，時尚是很刁鑽的，要強調某個觀點，往往得走極端，香奈兒最早的成名作是用男裝針織內衣布料做成的服

解構主義
由德希達所創立的一種批評學派，文本不能只是解釋成單一的作者在傳達一個明顯訊息，而該是文化中各種衝突的體現，貌似二元對立的元素，其實是流動而不可能完全分離的，不過一般人應該覺得比如一件衣服只有袖子（或有三個袖子）就算解構主義了。

裝,當時被稱為襤褸時尚,而她把假珠寶變得時髦,甚至跟真珠寶等價,這是殺出一條血路,她表達的是,時尚是優雅與品味,而非財富的炫耀(然而諷刺的是,香奈兒畢竟成為了財富炫耀的一種重要象徵),當街邊隨便的辣妹都招搖著手上的名牌皮包時,真正的貴婦或自詡走在時尚尖端的人士自然不願和大家一樣,所以才不斷的朝不同的方向前進,就這樣一個追一個逃,產生了時尚生生不息的循環。

也因此,看起來很舊的、灑滿著油漆點的牛仔褲往往特別的貴。

養褲達人

韓非子的〈外儲說左〉有這樣一個故事:「鄭縣人卜子,使其妻為褲,其妻問曰:『今褲何如』?夫曰:『象吾故褲。』妻子因毀新令如故褲。」意思是說,鄭人卜先生叫他的妻子幫他做褲子,妻子問他要做怎樣,他說「跟舊的一樣」,所以妻便把新的弄成舊褲子的模樣。(當然,這故事一般是解作諷刺不知變通。)

但我很想問問看這位卜太太,她是用了什麼方法來「毀新令如故」,在色澤上,是跟石頭或砂子一起洗呢,還是使用酵素來漂,在質感上,是用刀割弄破了以後再密密車起來呢,還是打上不同的補釘(甚至潑漆,還是埋在地裡)?這位卜太太可惜生錯時代,要是在今天,大家可都得叫她一聲養褲達人。

江戶時代日本有著非常活潑的市民文化,當時最時尚的穿著,衣料要選擇看起來不是簇新的布料,就連腳卜穿的木屐,也得特別把屐齒磨短些,務必看起來像已經穿過一段時間,由此可見,仿舊這個概念本身,也算是源遠流長,江戶時代的這種流行是覺得簇新的衣服有點粗俗,看起來像是擁有一段時間的東西方有底蘊,更何況,名牌包如LV或香奈兒事到如今都算老嫗能解了,但做舊質感的處理或解構主義的哲學精神,可得內行人才知道。

養褲
我的編輯說:「有這種事!」其實就是買原色的牛仔褲然後不洗一直穿,久而久之就會出現種種的紋路,讓這件褲子呈現出經年累月穿在你身上的歲月痕跡,有人專門討論這種事,其實仔細想想,跟有人盤古玉,或者玩茶壺這種行為是很類似的。

江戶時代的市民

江戶時代的市民生活，應該是在間
店裡小聚飲酒，一邊搖著扇子，一
邊有人彈琴作樂的一個場面。我覺
得那些男生身上薄質布料透出底下
花紋的配搭很有趣。然後其實這種
場面我們現代的人看了也有種熟悉
感，時代演變，但有些東西是不變
的。

極簡主義

　　另外一個反向誇飾的例子，當然就是極簡主義了，一般講極簡主義，說到名言「Less is More」，總愛提白居易〈琵琶行〉裡一句「此時無聲勝有聲」，其實，如果沒有之前的嘈嘈切切如私語，大珠小珠落玉盤，那空白只是沒有意義的寂靜，極簡主義，其實是見慣繁華以後精錬出來的素樸。

　　反向的誇飾其內在的本質並沒有改變，只是跟那種逼人而來大剌剌的態度不同，他是刻意為之的隨性，是有意識的，造價昂貴的欺人單純，Prada的尼龍包喜歡的人讚他是把最實用的功能性與時尚互相結合，反對的人則認為這根本是曾為共產黨員的設計師對資本主義的復仇，Margiela一向反標籤，他本人從不露臉，專賣店漆成一片純白，也不在衣服的外面打標籤，看似低調，其實識貨者可以從縫在衣領後方外面的四點白線頭一眼認出，這種反向的誇飾是前面所有誇飾中的最後一階段，那種欲拒還迎，吸引人再靠近一點，再靠近一點的作態，用的誇張工夫其實最多，而這樣的誇飾被辨認出來的喜悅程度，其實也是最大的。

適當的誇飾

　　誇飾是一種極端，無論是體積、暴露程度、細節、價格與工藝，乃至最後的反向操作，它始終是某種程度的過剩，要讓打扮顯得有趣味，有形有格，便得適度的融入誇飾這個元素，但在過猶不及的拿捏之間，我認為以誇飾這個手法來說，做到極端自然效果強烈，但就像做文章，如果通篇擺滿了驚嘆號和誇大語氣，以及過分的大型譬喻，難免讓人感到壓力過大，把誇飾當做一個完整造型的重點，可能是最容易被大家所接受的作法。

關於誇飾，
我認為以下的概念或事物值得參考：

珍妮佛羅培茲
在頒獎典禮上一襲
藍綠色熱帶印花的
半透明Versace深
V領禮服，胸前開
個大V挖到肚臍以
下，不只見證了剪
裁功力和她想要出
位的野心勃勃。

伊麗莎白赫莉
在一個紅毯場合上，
一件（又是Versace）
黑色禮服，簡單的細
帶長禮服輪廓不只前
超低，設計師在側面
剪開了一個縫，再用
排大型安全別針別起
這一剪讓伊莉莎白赫
的名字從此家喻戶曉。

比基尼泳裝

比基尼泳裝的布料，有時布料簡直少到不足以遮蔽任何東西。

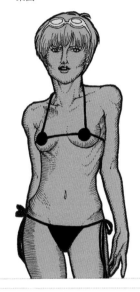

蕾絲領子

大約十六世紀的歐洲開始流型巨大的蕾絲領子，到最後甚至須要用特製的加長湯匙來喝湯。

高跟鞋

許多鞋子的設計真可以放進博物館，或真只該放進博物館。

睫毛膏與睫毛夾

睫毛佔臉部比例並不大，但時至今日，已成為化妝不可缺的重要部份。

極簡主義

要真正傳達極簡主義的精神，謹用左邊這塊空白向大家傳達一個極簡主義的概念。

女明星

如果缺乏觀眾，

女明星的裝扮就失去了意義。

而在這裡，女明星一詞，

是指隨時自覺在被注視的狀態發揮到極致，

而不單指一種職業。

女明星是以被注視為原則而存在的，這個職業的所有行動，從演技、歌唱、舞蹈，到搞笑，乃至於參加首映會的紅地毯，或走在路上被拍，如果缺乏觀眾，那頂多算是一種自我娛樂，跟小丸子有一集幻想自己跟森林裡的朋友搭肩搖相類。

事實上，在沒有人看的情況下，大家大可不必這麼辛苦的穿衣搭配，砸大錢擠進其實不舒適的服裝裡，頂好是整天穿著舒服的棉質寬鬆服裝躺在沙發上，一邊喝飲料一邊做些無關緊要的事，所以，女明星一詞，是指這種隨時自覺在被注視的狀態發揮到極致，而不單指一種職業。

這是一種心理狀態

事實上呢，穿著舒服的棉質寬鬆服裝躺在沙發上一邊喝飲料一邊做些無關緊要的事，對真正的女明星來說，也是大有發揮空間的，常看室內雜誌的人都知道，那隨手一丟的披毯，茶几上不經意翻開的書頁，其實都是一種精心設計的結果，在採訪名人居家時，我總愛看被採訪的人穿著什麼，我認為那是明星度的檢視器。

如果穿著正式套裝感覺像賣房的售貨員，穿上晚禮服那更是土到不行，理想的情況，當然，因為是在你家，所以合邏輯的穿法是家居服，但真正的家居服可以上雜誌嗎？此時就要考驗你的自覺和時尚敏銳度了，家居服的重點在於閒適感，要展現這種感覺可以從質料和剪裁下手，夏季的棉質或秋冬的喀什米爾都是好選擇，寬鬆一點才有不拘束的感覺，畢竟，誰在家會穿緊身衣？

所以，真的穿最愛的那件灰色運動褲和印有米老鼠圖案的茶色T恤就對嗎？當然錯得離譜，你知道穿灰色或茶色如果燈光不對妝不對拍起來臉色會有多黯淡嗎？你覺得居家採訪是一個可以畫大濃妝的場合嗎？此外，畢竟採訪是有記者和攝影師的，所以那種九〇年代港片裡反派要迷姦女主角前會先洗好澡穿上的毛巾布綁帶浴袍，或性感蕾絲睡衣，都是錯

居家採訪

南北朝時竹林七賢的劉伶說：「我以天地為棟宇，屋室為褌衣，諸君何為入我褌中。」就是說天地是我的家，房子是我的內衣褲，你們這些人跑到我內衣褲裡面來作什麼，照這樣說來居家採訪跟女明星露底的意義有點類似（而且是刻意穿漂亮的內衣褲來露）。

誤的選擇。

一個真正的女明星，在居家採訪時，一定要穿白色系的家居服，寬鬆上衣搭配長褲為佳（還有拜託不要走火入魔的全身白，又不是再當孝女白琴，白色上衣配駝色、淺藍，或黑的下身以及配件，都很清爽悅目），我知道白色的家居服是一種徹底不合邏輯的東西，畢竟容易弄髒又難清洗，但當你一身米白配駝色的好質料家居服，斜倚在沙發上，旁邊有寵物，桌上有花和一本攤開的書時，那畫面正是大家想看到的，而身為一個女明星，給大家看想看到的東西，是妳的天職。

依照合邏輯的想法，你在家應該是素顏的，但素顏絕不代表沒化妝，沒化妝對女明星來說等於裸體，不，對女明星來說，沒化妝比裸體更嚴重，所以請適度的修飾膚質和唇色，如果你不打粉底，務必在三到六個月之前先密集的向皮膚科和醫學美容的醫師報到。

居家生活也是舞台

解決了身上臉上，讓我們來處理一下布景，首先，你的照片裡一定要有植物，但不是什麼植物都行，而是有品味的植物，黃金葛不可以，萬年青大錯特錯，發財樹就是在告訴大家你窮怕了，你應該擺的，是的，蕨類當然很好，仙人掌如果是大型的就還可以，插瓶的繡球花或者鬱金香也不錯，但，一定不能沒有的，是蘭花，而且不能是喜氣的桃紅色，淺粉、深紫、淡綠都好，當然，經典的白色蝴蝶蘭在室內的地位就像服裝裡的一串珍珠項鍊。

切記，你的起居室裡不該有電視，即使假掰的播旅遊生活頻道甚至CNN也一樣，起居室裡有電視是平民的行為，所以一定要看書，而那本攤開的書當然不可以是壹週刊或者US Weekly這種八卦雜誌，也不能是資本論，畢竟你是女明星不是文青，頂好是詩集或散文，因為如果你自稱在讀《追憶似水年華》恐怕不會有人相信，所以以短篇但有質感

素顏
也就是沒化妝，素著一張臉，薛寶釵海棠詩說「淡極始知花更艷」，傳奇的美女往往被說素顏時最美，像楊貴妃的姊妹虢國夫人「卻嫌脂粉污顏色，淡掃蛾眉朝至尊」，但今日的女明星多半以妝前妝後判若兩人來符合大眾的期待，我認為這些女明星的心地是善良的。

的東西為佳，或者更進一步的，擺你背後那張畫的那位畫家的畫冊，這一招同時讓你顯得美麗又知性，有錢又有品味，是這種室內單元的必殺一擊。

全民攝影時代

解決了居家生活之後，該出門了，有狗仔隊已經夠糟了，在隨便那個路人的手機都有攝影功能的今日，你出門的一舉一動都可能有全球（或全亞洲、全台灣、全台北，小至一里的里民，端看你走紅的程度而定）的觀眾朋友在看，所以即使是買飲料逛街遛狗，都需要高度的戒備，以免被拍到邊邊恍神，甚至臉部五官有點移位的照片導致抱憾終生。

你可能要問，衣著我可以控制，但臉部表情該怎麼辦？人總是有不自覺翻白眼或眨眼的時刻，所以，當然，所有的女明星都愛墨鏡，只要墨鏡一戴，不管你單純是在眨眼或者因為嗑藥而恍神眼神渙散，都不會有人注意到，墨鏡的選擇宜大不宜小，畢竟又不是買房子需要靠面積來算錢，一樣的價錢當然買大片一點的——咦不對，這是歐巴桑的邏輯，以女明星來說，墨鏡一大，就顯得臉小下巴尖，戴著小墨鏡的人除非天賦異稟擁有完美的骨骼結構，不然都會顯得腦滿腸肥滿臉橫肉，而且墨鏡如果夠大，連眉毛都不用畫，還自然而然的散發出一種巨星丰采，這麼好的事情豈有不趕快遵行的道理？運用墨鏡唯一需要注意的一點，是邏輯，如果你在晚上七點鐘的室內戴墨鏡，那就不是巨星風範，而是一種生怕別人認不出你來的小家氣了。

配合身分的配件

在日間出門，除了墨鏡以外，最重要的東西自然是皮包，跟都會女性不同，你的皮包應該呈現出一種可望不可即的氣氛，本錢雄厚的，愛馬仕的柏金包是目前的首選，因為它具備一切的要件，重點是不可以只有一個，維多利亞貝克漢

恍神
神智暫時不清的狀態，跟電腦當機有點類似。基本上任何人都會有恍神的時刻，但恍神是渾然天成還是因為某些藥物的影響，則見仁見智。有學者認為恍神是健康的，頭腦短時間的放空就像電腦在清空記憶體。

每天城裡城外的逛，天天換不同顏色尺寸皮質的愛馬仕，即使她既不會唱也不會演，還是成為全球最具知名度的女星之一，那些皮包功不可沒，即使是台灣，像孫芸芸、蔡依林，她們都拿愛馬仕，而且不可以是那種合理的黑色或駝色，桃紅土耳其玉藍、艷黃淺紫，代表老娘不只有一個而且是該品牌的大戶，自然顯出妳女明星的氣派。

那麼，非愛馬仕不可嗎？當然不是，一個時尚女星就是要領導皮包的潮流，細數過去十年的時尚，最重要的就是所謂的 it bag 潮流，各大時尚品牌都曾經有幾款包包引領風騷，除了拿著 it bag 以外，重點是妳一定要比別人早，Kate Moss 大勝侯佩岑的原因之一，不是因為她選男朋友的品味，而是她大概比侯佩岑早了五年拿那個 balenciaga 的機車包（一種微妙的綠色，我還記得），此外像席安娜米勒帶著 Chloe 的鎖頭包，琳賽蘿涵的 Thomas Wylde 骷髏包，到慾望城市裡的凱莉前幾季不離手的 Fendi 貝貴提包，都是一包奠定時尚地位的好例子。

不見得要一線品牌，有些名氣稍微小的品牌也可以，重點是我先拿而你沒有，所以這個包必須大部份的人都買不到，如果該款很受歡迎，你的就要是特殊的顏色或材質，或者在上面有你特殊的圖騰，比如王菲最近拿的 Goyard 就有這種在上面畫線條和性名縮寫乃至圖案的服務，再不然，在昂貴的包包上面掛很多有趣小吊飾也行，代表你純真童趣的一面，當然，在引起跟風以後，一般來說你要馬上把那個包棄之如敝屣，因為女明星的使命就是領導潮流，引領大眾的路是寂寞的，尤其，當沒人跟上來的時候，你就只是走錯路，不過這是身為不凡女性必須背負的宿命，所以愛馬仕或香奈兒想想是划算的，因為它們是經典可以用到賺也不怕被人家笑，畢竟你有一個用十年的愛馬仕是當年眼光好，有一個用四十年的愛馬仕是媽媽當年眼光好，但現在還在用鎖頭包則純粹是不知今夕是何夕。

退流行

退流行當然不是一件糟糕的事，因為有些時候，那東西對你來說有情感上的價值，不過我不安的想到，文中舉例的女明星們，那些拿的包包現在已經不流行的，現在都已經不紅了，這中間似乎有種神祕的關聯。

腳上的玄機

　　最後是鞋子，時至今日，穿著高跟鞋去任何女明星該去可以去的地方已經是常識了，所以幾年前有女明星全身穿著Juicy Couture的運動服搭配Jimmy Choo和柏金包也算合理，但平底鞋其實更是展現妳纖細身段的利器，只有真正纖瘦的女孩才能怡然自得的穿著緊身褲搭配平底鞋，舒適嗎？其實未必，那是一種顧作舒適的時尚姿態，別忘了，女明星的要件是什麼？是被注視，太平的平底鞋其實並不好穿，但那種休閒的姿態是穿著細高跟鞋到處亂跑的女明星學都學不來的，腳踩平底鞋代表你隨性不做作，而其實，像Lanvin大受歡迎，有緞面有漆皮有蛇皮各種漂亮材質色澤的平底鞋，其實鞋跟是隱藏在鞋子裡面的。

紅地毯時刻

　　最後，自然就是女明星馳騁的場域——紅地毯穿著了，最早關於走上紅地毯的記載始於希臘悲劇，攻打特洛伊城的英雄阿加曼儂，在凱旋歸國時他的妻子克萊婷鋪下紅地毯迎接他，只不過在那紅地毯的盡頭，迎接他的是死亡（更精確的來說，是謀殺親夫的精采戲碼）。

　　女明星們走上紅地毯的境遇顯然要好得多，儘管也常有被批評得體無完膚的時刻，但總有來年報仇雪恥的機會，更何況，假如穿對了衣服，從此會在廣大的觀眾心中留下深刻的印象，不管是對穿衣的人或者是對該品牌，都是絕佳助益。

　　我印象最深的紅地毯服裝，絕對是一九九七年的奧斯卡頒獎典禮，當時仍是湯姆克魯斯太太的妮可基嫚以一襲黃綠色的刺繡高衩Dior訂製服艷驚四座，不只從此她自己的名氣高漲朝頭牌女星之路邁進，也讓初掌Dior設計總監職位的John Galliano初試啼聲之作大大露臉，那對我來說是個魔術時刻，那個時刻是我人生中最具啟發性的時刻之一，首次發現時尚的力量如此強大，那股「看著我！」的氣勢一路讓她從陪走紅毯的花瓶到成為奧斯卡得主。

Joan Rivers
美國的喜劇演員，除了令人印象深刻的整型史以外，演藝生涯除了喜劇和脫口秀以外，最為人所知的，應該是她在1994年和女兒Mellisa一起主持E！頻道當年金球獎前的節目，1995年開始主持該頻道的奧斯卡金像獎前的特別節目，讓紅地毯上的時尚在大眾媒體前大量曝光，她功不可沒。

　　那剛好是眾星與設計師在紅地毯上合作這個風潮方興未艾的時期，這種集全球觀眾目光而型成的強大磁場，從此成為女明星的命脈，在這之前雖然有奧黛麗赫本與Givenchy長期合作的佳話，但仍屬特例，九〇年代興起的娛樂新聞風潮，以及當然，不能不提Joan Rivers和她的女兒Melissa從九四、九五年起主持的金球獎及奧斯卡頒獎典禮前的特別節目，讓「Who are you wearing？」變成紅地毯上的開場白，也開啟一個時尚（及詼諧談話）的新戰場，從此女星們與眾家品牌在紅地毯上展開一段愛恨交織、高潮迭起的關係。

　　紅地毯在希臘悲劇裡有其象徵意義，只有神才能踏在這樣貴重的顏色上，阿加曼儂性格的缺陷是傲慢，所以他的死帶有一種天譴的象徵意義，女明星們如果在紅地毯上出錯遭到評論者言語上的大屠殺，多半也是因為傲慢，在眾多誄詞長久環繞之下，認為「憑藉老娘的姿色，一定可以撐起這件衣服的氣勢」。說真的，女孩們，那可不一定，在被眾人看見之前，得先冷靜下來，看看鏡中反映出的自己。

歐巴桑

精確的來說，

歐巴桑是種心境，

是種理所當然的態度，

是一種人生哲學。

身為歐巴桑，

人生的守則便是

「又不是做壞事，有什麼好丟臉的」。

一提到這個名詞，大家應該腦海裡多半會浮現出一個經典的樣子，那種頭髮燙得蓬蓬的，穿著花衫，斜揹的皮包擺在前面（因為要是被扒了怎麼辦！），戴著珍珠項鍊金戒指和玉手鐲，隨身攜帶花傘和半滿礦泉水保特瓶的女性，說來簡直是種卡通裡的刻板印象。

而且不只台灣，日本有花媽，美國有美枝辛普森，把自己代進這個傳統的形象之後，月娥和鳳珠乍看下並沒有不同，所以，歐巴桑Look是一種隱身術嗎？當然不是，因為歐巴桑從來都是引人注目的，而且其實，剪短髮不燙自己桿皮做餃子的也是歐巴桑，旗袍襟上別著翡翠別針的也是歐巴桑，一頭超長頭髮總也不剪吃生菜練瑜珈的是歐巴桑，一邊抽菸一邊做家庭代工的也是歐巴桑，麻將打得唰唰響的還是歐巴桑，樸素如陳樹菊華麗如連方瑀，以及我們的媽媽阿姨外婆奶奶，這融合了各種色彩尺寸的女性，通通都是歐巴桑，所以，歐巴桑形形色色，可以成一個Look嗎？當然是可以的。

歐巴桑的人生哲學

精確的來說，歐巴桑是種心境，是種理所當然的態度，甚至，說得嚴重點，歐巴桑是一種人生哲學（又是一種人生哲學！不過，時尚本來就是一種生活態度啊）。少女總有許多不必要的顧忌，總是擔心這樣很丟臉，那個多不好意思的，但身為歐巴桑，人生的守則便是「又不是做壞事，有什麼好丟臉的」。

有時候你使盡力氣，再怎麼樣也沒法說服你的娘親或婆婆不要作出那種舉動，因為她們根本不覺得你感到惶愧汗顏的舉動或裝扮到底哪裡出了問題。如果時尚的最高境界是一種輕鬆自如，那麼，歐巴桑們可能是最時尚的女性也不一定。畢竟，時裝界無數的奇裝異服都需要一種自信來撐起，歐巴桑們老娘連孩子都生過的天不怕地不怕，其實是一種前衛時尚非常需要的態度。

不過，先別扯那麼遠，讓我們從最經典的形象入門吧，很

陳樹菊

行善界的楷模，來自台東的平凡菜販，時代雜誌選出的二〇一〇年最具影響力時代百大人物之英雄項目，多年來捐出了近千萬元作為慈善用途，參加時代百大人物晚宴的服裝堪稱某種歐巴桑的典型。

多人的疑問是，歐巴桑到底去哪裡買來那麼歐巴桑的衣服？我朋友少見多怪的告訴我他有一天在五分埔轉錯了彎，發現有一整條街在賣歐巴桑熱愛的服飾，從印花的寬鬆上衣到踩腳褲、有墊肩的外套、民俗風的飄逸到蕾絲串珠的富貴一應俱全，他覺得發現了那條街簡直像非洲的傳說裡盜獵人發現大象的集體墳墓那種窺見奇觀的感覺，事實上，歐巴桑Look的絕竅不在於去哪裡買衣服，而是不管在哪裡，都可以找出具有歐巴桑精神的服裝。

歐巴桑的行為準則

那麼，進一步的，歐巴桑的精神是什麼呢？我想最大的準則，就是超值，如果她們像追求超值那樣的追求世界和平或科學成就，個個都可以拿諾貝爾獎。

跟歐巴桑一起去買過東西就知道，超值是她們畢生追求的目標，我曾經跟一位歐巴桑友人去購物，買一套床單，她殺價不成改拗贈品，最後帶著一套床單、三個椅墊、兩個面紙套回家，功力之深厚令我瞠目結舌，所以超值對歐巴桑們是無比重要的，只要掌握了這一個原則，不管買什麼都可以讓家裡的媽媽感到喜悅而放心，如果你一定要買冬季外套，那麼這一件可以兩面穿的，當然比那件單面的好（我有一次跟編輯去逛街，店員小姐跟我說「這可以兩面穿」被當成店員已經認出我是誰的證據），如果一件衣服可以兩面穿袖子還可拆，那更是聰明消費得令人讚嘆，如果連帽子都可以拆再加上滿千送百滿額贈還送一個保溫鍋最後發票還對中的話，恭喜你從歐巴桑學校以第一名的優異成績畢業，不過當然，要找到那麼超值的東西除了訓練有素還需要天賜的好運，且讓我們從比較基本的地方開始。

這世界上有幾種女人，就有幾種歐巴桑的外表，與其說每個女人終究要變成歐巴桑，不如說所有的女人都是以下三種東西的混合體，少女、歐巴桑，和女神，這三者在每個女性體內都無時無刻不在角力，然而，任何買過特賣會的人都知

五分埔

位於台北市信義區，原本是台灣原住民平埔族麻里錫口社的活動範圍，1769 年時何、周、沈、杜、李五姓人家向平埔族買下此地開墾，因此得名。因為土地貧瘠曾經是瘋人院和豬哥寮的所在地。一九六〇年代以後開始有成衣加工及批發的生意，八〇年代以後產業外移，轉型成以批發為主，現在是台灣平價時尚的尖端。

民俗風

妙處在於不屬於特定的哪一種民族，而是混合之後呈現出的效果，分不清楚印度與中東，混雜了波西米亞與吉普賽，最後再灑上一點兒非洲南美洲和西藏，在模糊間呈現出一種世界大同的效果。袁瓊瓊說：「東方式的寬寬民族風服飾，這種衣服在上下十公斤的時候，從外表看完全沒有差別。」

道，角力的結果，贏的永遠是歐巴桑。

　　身為一個歐巴桑，花一樣的錢，要求得到的是最好的回報和最多樣化的效果，所以從這個邏輯推演下去，兩件式的上衣和裙子或長褲之類的單品組合比單件的小洋裝划算，買配件來配同一件上衣比買很多不同的上衣划算，集中的買三雙百搭的鞋子比買一大堆各自單搭哪一套的鞋子划算（廢話），所以歐巴桑的理想是一種高度組織化的，用最少的金錢達到最多樣化效果的行為，就像歐巴桑可以為了每斤省兩元而像花木蘭一樣東市買駿馬西市買鞍韉，可以在甲市場買蔥乙市場買蒜一樣（這比喻顯示出我徹底的外行，因為蔥和蒜不是應該買蘿蔔或蛤仔送的嗎）。

由行為準則引申出來的行為模式

　　在追求美上面她們絕不是放棄，只是在那個過程裡她們更為謹慎，一樣東西要被帶回家，須要通過層層關卡，價格不過是其中之一，其他諸如搭配性、時效性，和對自己衣櫥的記憶力都是購物時必須通過的考驗，總而言之，在追求超值這個原則的前提下，歐巴桑再度證明自己是最時尚的女性，因為，所有的時尚雜誌都在教你如何運用六種單品搭出三個月的造型，歐巴桑們一定是早就通曉這個道理，不然沒法解釋為什麼所有的歐巴桑都有一大堆絲巾。

　　是的，絲巾就是歐巴桑Look的一個精髓，所謂天有不測風雲，誰知道何時會變冷或起大風，身為一個歐巴桑永遠是準備好面對這世界的，絲巾可以應付多變的氣候與空調，在撞衫時拿出來一披就是另一個樣子，而且同一條絲巾可以變化出無數的綁法，晚宴時披肩，爬山時圍頸，搭車兜風時還可以拿來包頭，乃至於受傷時當三角巾，跑路時當包袱，絲巾的功用千變化萬化，它只是一塊布，所以在同一個市場裡它永遠是相對最便宜的東西，菜市場的絲巾只要五十一百，愛馬仕的絲巾說起來不便宜，但跟包包一比根本是衛生紙的價錢，更何況，你買愛馬仕的絲巾，它還送你一本教你怎麼

買蛤仔送蔥
我朋友告訴我，買蛤仔其實送的是薑（對啦，送薑合理多了），還有現在似乎沒人送蔥了，因為蔥有時候是很貴的東西，世界各地的菜市場都有這種超值的小贈品，托斯卡尼的菜市場也會送你提味菜，像芹菜之類的東西。

綁的小冊子，實在深諳歐巴桑的心理。

所以，與其依循刻板印象的說，歐巴桑就是怎麼穿怎麼樣老是隨身帶著小花傘還用那把傘來戳公車的下車鈴和按電梯，歐巴桑其實是更為深層的一種態度，《西雅圖夜未眠》的導演諾拉艾弗朗說她在買很貴的東西的時候都會除以使用的天數，如果還是太貴，就除以小時數、分鐘數，一直到得出一杯大杯拿鐵的價錢為止，台灣的文英阿姨也在保險廣告裡說這保費每天只要一杯豆漿的錢，由此可見早餐的飲料價格是國際歐巴桑的換算公制。這就是整個歐巴桑 Look 的精髓，所謂名牌的皮包可以用一輩子，經典的設計永遠不退流行，好的珠寶可以保值，其實都是歐巴桑精神的體現，歸根究柢，歐巴桑在乎的不是價格，而是價值，所謂物有所值，甚至物超所值的正確精神，就是一整個歐巴桑 Look 給大家的啟示。

歐巴桑的經典人物

為了澄清長久以來，大家認為歐巴桑就是愛買便宜貨跟品味怪異的同義詞這個刻板印象，我特別舉一個例子，那就是南坎普納女士，已逝的南坎普納女士是美國最有時尚品味的人之一，大都會博物館辦過展覽展她的衣櫥，她是高級訂製服的忠實顧客，許多時尚的經典作品，從聖羅蘭到香奈兒這些重量級品牌，最後的落腳處常是她的衣櫥，她的品味精美絕倫，幾乎是二十世紀後半期服裝史的縮影，除了不可或缺的理所當然態度以外（在民風保守的時期她穿著長褲套裝到高級餐廳吃飯，被阻擋在門口說本餐廳不招待穿長褲的女客，她當場在門口把褲子脫了只穿外套入場），另一個重點，超值也被她發揮到極致，她終生維持纖細的模特兒身材，不只為了穿衣服好看，而且，因為你知道，高級訂製服買模特兒走秀時身上穿的那件樣品的話，不只可以馬上穿，還可以打折。

南坎普納
美國紐約的已故社交名媛。高級訂製服的忠實客戶，出生在舊金山，從小爸爸告訴她：「你靠臉蛋是沒法成功的，所以你最好當個有趣的人。」所以她果然成為了一個有趣的人，Vogue 的傳奇總編 Diana Vreeland 說她是美國唯一 chic 的女人，留下的名言包括「I wouldn't miss the opening of an door.」以及「I spend way more than I should ... and way less than I want.」不只社交和購物，她也募得數目驚人的慈善基金。

配角

我們每個人都有大量擔綱配角的經驗，

我認為，在擔綱配角的時候，服裝造型也同等重要，

除了正面到不行的我們要扮演好人生的每個角色這種老套說法以外，

或者說，作為反面教材也行，

知道穿這些衣服會讓自己看起來像個配角，

在需要盛大出場光芒萬丈的時候，自然是避開為宜。

或者，更進一步的，了解這些招式以後，可以偽裝成造型建議，來提供給你想讓他們來陪襯你的朋友。

身為恐怖片和青春校園片的愛好者，在看的時候，我常常有這樣的傻念頭，「這些人知道自己只是配角嗎」，比如，那邊那個一直大吃洋芋片感覺頭腦很遲鈍還有點過重的傢伙，看看他的棒球衫加上寬牛仔褲，和一雙壓得扁扁的球鞋，在有殺人狂或鬼出沒的地方，無異於頭上戴著一個閃閃發亮「來殺我」的招牌，如果在青春校園片裡，當妳塗上煙燻眼影，頭髮染黑，舌頭穿洞以後，應該就知道自己從此會被歸類於歌德怪妹，等於社交上的隱形（如果是青春校園恐怖片的話，那妳大約就是第二號受害者，過重男被殺之後切記千萬不要落單），或者，就像武俠小說的主角，沒有人精通的武器是一雙板釜或分水峨嵋刺的（前者是很快就會死掉的傻大個，後者是辣妹，不過辣妹在武俠小說裡戲分不多）。

充當配角的場合

當然，所謂人生如戲，以內在的觀點來說，每個人頭上都像戴著攝影機在演自己的人生，在這個前提下，大家都是自己人生的主角，你自己的悲歡離合，你獨一無二的內心戲，導演是你，編劇是你，自然主角也是你，可是，這齣戲的基本觀眾只有你一個，不可否認的，這世上就是有人生來要鋒頭壓過你，他可能比你耀眼，連照在他身上的光都特別亮，也可能比你才華不知特出多少倍，甚至，他的人生硬是比你不幸，在世人的眼光裡，面對這些人，你是配角，你是微不足道的路人，甚至，你根本沒出現在那個人的電影裡。

我們每個人都有大量擔綱配角的經驗，我認為，在擔綱配角的時候，服裝造型也同等重要，除了正面到不行的我們要扮演好人生的每個角色這種老套說法以外，或者說，做為反面教材也行，知道穿這些衣服會讓自己看起來像個配角，在需要盛大出場光芒萬丈的時候，自然是避開為宜了，或者，更進一步的，了解這些招式以後，可以偽裝成造型建議，來提供給你想讓他們來陪襯你的朋友。

不知道為什麼，談感情儘管是兩個人之間的事，但很多時

歌德
不是那個哲學家，是一種次文化，起源自八〇年代的英國，著迷於黑暗、恐怖、死亡與神祕，風格上以深色為主，中世紀的風情加上一點性虐待的元素，畫妝則強調蒼白膚色和黑眼圈，是一個有豐富內涵的次文化，但常被大眾媒體粗疏的窺視而遭到扭曲。

候我們都需要陪伴，一般來說，在尋找到自己的幸福以後，就會開始關心起別人，所以你可能想會撮合身邊的單身友人，來個雙對約會覺得太昭然若揭的話，至少也可以安排一個聚會，然後在眾人心知肚明的善意眼神下希望那兩人能夠成雙，這種造型在傳統中國戲曲以及連續劇裡都有許多經典的指標，傳統的媒人婆Look用鬢邊的紅花點出結為連理的吉慶主題，妝容上點一顆痣增添喜感，還讓來相親的兩人能在一笑之間解除彼此不自在的尷尬，果然具有經典的價值。

再不然像唱戲唱到私定終身後花園，則有兩個路線可以選擇，一個是穿著緊身小襖頭上綁兩個小包的俏皮紅娘丫鬟，或者是忠心耿耿滿頭白髮走溫柔慈祥路線的奶媽，前者的重點是緊身跟靈活身段，還有髮型一定要堅固，在分花拂柳揭那揭不盡的珠簾時才不至於頭髮毛掉，如果你選定的主題是好紅娘俏丫環，那麼只有在老夫人發現小姐與人私通拷打你時才能容許鬢角散亂，而奶媽造型則須要一個隨身的提籃用來裝公子和佳人相會的信物，還有萬一需要私奔時你的籃子裡還得可以拿出作為盤纏的金飾，所以籃子是不可或缺的。

經典配角的造型

那麼，究竟這經典的台式媒人婆，丫鬟和老奶媽有什麼共通點，可以讓當下的我們參考呢？重點在於這三個都是輕車熟路的老套人物，當你為人作媒時，切記不要表現出太強烈的個人風格，應該讓來相親的人輕易的把你歸類到一個不是太重要的類別裡，更重要的，是你不應該跟你想要撮合的人打扮成可以比較的同類，媒人婆的定型化模式就是三八，丫鬟跟小姐有身分上和造型上的不同，奶媽則老得不能參加這個競賽，跟嬌羞的閨女、高貴的小姐、年輕的少女是徹底不同的，在這反差之下又更可以凸顯出你要作媒對象的特色，要表現出因為自己的人生已經有了圓滿結局（或永遠不會有所以需要從旁人的幸福裡找到安慰），所以可以一心一意的為主角的幸福打算。

甘草人物
甘草在中醫裡臨床運用於滋潤緩和、中和烈藥，解毒、鎮痛、解痙、矯味、鎮咳祛痰等。甘草人物在一個故事裡的功能也大致如此，讓沉重的氣氛變得輕鬆，緩和緊張的局面，他們是種定型化的角色，很少有人有工夫發掘甘草人物的層次。

在擔任紅娘月老時，請放棄性感，忘掉展現身材，但又不能邋遢得蓬頭垢面，免得讓人對兩人世界產生不好的預感，約在外面的話，最好的裝扮是良家婦女式的，最好還提著購物袋，表示你等一下要去買菜，不只離開得不著痕跡，順便還讓那相親的兩人想像一下共組愛巢的甜蜜，如果是雙對約會，則切記不要跟你的另一半穿情侶裝出場，倒不是說那會對撮合這兩人產生什麼障礙，而是，情侶裝本來就不該出現在這世上。

由世界認定協會所編的《新新單位》（《新單位》的續集）一書裡第一百〇六頁的「時空錯置指數」提到穿情侶裝來驗證彼此感情的時空錯置指數有十點五個單位，在說明裡有這句話：「大多數人心裡想的都是，這種情侶通常都長得不怎麼樣，一般來說，穿情侶裝女方會很高興，但男方可就沒那樣想。」

名曲〈墓仔埔也敢去〉裡講到熱戀的人什麼都不怕，連墓仔埔也敢去，人為了證明彼此有多相愛，常會做出許多傻事，從站在雨中大喊「妳是我的巧克力」到徹夜在窗戶底下談吉他唱情歌等等不一而足（前者可能會感冒，而後者則可能會被鄰居打環保報案專線通知警察），跟這些事比起來，為了向全天下昭告我倆的愛，穿上一樣的衣服一起出門，似乎算不了什麼犧牲，畢竟，穿同款衣服是一種非常輕微的表示，只比兩人會心一笑要明顯一點，和一時衝動跑去互相把對方的名字刺青刺在身上那種後患無窮的嚴重程度根本不能比。

但，在這世上的許多未解之謎裡，情侶裝的款式為何永遠難看也是其中之一，就是再怎麼好看的衣服兩人同時穿都有點傻頭傻腦的，更何況，就記憶所及，我從沒見過好看時髦的情侶裝（但對許多驚人的單品印象深刻，一紅一藍整套印尼蠟染風的有之，印有無尾熊圖案的T恤有之，上面有M字大寫圖案的毛衣有之，簡直就是丟臉服裝大字典的註釋），還有，漂亮的主角情侶是不穿情侶裝的，那是甘草人物才會幹的事。

當然，旁觀主角戀愛結合，不見得永遠都是好心的奶媽或俏丫鬟，灰姑娘的神仙教母固然重要，但其實她的姊姊和後母才是真正戲份吃重的角色，多年來，我一直對於灰姑娘的姊姊寄予深厚的同情，仔細想想，媽媽帶著你再嫁，發現在那家裡原來就有個美麗動人的女孩，不只這樣，她還任勞任怨，每天笑臉迎人，閒暇時還跟老鼠和小鳥做朋友，在那種角色旁邊，最讓人無法忍受的就是自己身上平凡的缺陷，被她們身上強烈的光芒一打頓時顯得無所遁形，當然主角是不必替自己光芒四射的存在感到抱歉，不過在旁邊身為配角的凡人嘀咕個幾句我認為是合情合理的。

至於打扮成女主角的姊妹有什麼訣竅？我想硬要說的話也是有的，只是根本沒人在乎罷了，在一九四三年之前，奧斯卡最佳女配角還不能領小金人，只能拿到一個獎牌咧，反正你就是穿不上那雙玻璃鞋嘛。頂多可以提供的建議是如果你是男主角的妹妹，可以嘗試高馬尾的造型，甚至綁個兩邊，因為男主角的妹妹無一例外的幾乎永遠任性刁蠻（不然就是體弱多病），馬尾綁高一點方能增加甩頭說不要不要或我偏要我偏要時的氣勢。

配角的鮮明個性

以上都是有戲的配角，有戲的配角最重要的是一種定型化，主角才有足夠的戲份去表現自己的多層次，在擔綱配角時則要主打鮮明一點，也就是得抓住一個刻板印象來作發揮，輕車熟路是一個非常好的選擇，光看這麼多年以來，愛情喜劇裡女主角的好朋友是什麼類型就知道，無非是一些很有同情心而有點過重的女孩（通常是穿著運動衫），還有動不動就翻白眼而且講話手勢很多的男同志（通常是穿著很小的運動衫），其他諸如瓊瑤劇裡惡婆婆穿旗袍戴大珍珠，本土劇裡壞婆婆穿著假香奈兒軟呢外套但都要把高跟鞋踩得喀喀響，都是非常經典的例子，這些定型化配角代表的是編劇一個不耐煩的「誰有空在這種事上囉嗦」，所以像這種有戲的

神仙教母

童話故事裡永遠幸福快樂結局的推手，大多以亮晶晶的中年婦女形象出現，一般最為人所知的功能，基本上是帶女主角去進行大改造，魔棒一揮讓她從村姑變公主，最有名的是灰姑娘裡，變出晚會禮服南瓜馬車和玻璃鞋的那位神仙教母。

配角因為大家對他們熟極而流，初次登場就彷彿已經認得他們許久，不失為一種穩當的求生存的好方法，畢竟悲歡離合、被推落海裡、失憶或流產都只會發生在主角的身上，當一個配角顯然人生輕鬆愜意得多。

但更多時候，我們擔綱的是沒戲的配角，也就是大陸說的群眾演員、台灣所謂臨演、新聞所說的民眾，或女明星口中的路人，有可能就正是路過，或者你是去排福袋，去找偶像簽名，去看熱鬧或災難，在這種場合裡面，你只是大眾的一小部分，套句老套的作文說法，在這種時候你是社會這個機器裡的一個小齒輪。

看到電視新聞拍攝天災人禍之類的畫面，很難忽視的是那些傻站在記者後面的人，當記者聲嘶力竭的在說大家可以看到記者身後的這個消防人員正在作一個救火的動作的時候，他的後面往往有一些老老少少，共通點是面無表情、穿著邋遢，大家也許要問，難道不能把握這個難得的機會，讓自己最光鮮亮麗的一面呈現在全國觀眾的面前嗎？

答案是穿著邋遢才是正確的選擇，旁觀火災本來就是一種錯誤的行為，人雖然是天生的愛湊熱鬧，但如果你表現出有意的在等待還想利用這種熱鬧的話，那未免也太沒有心肝了，如果你處心積慮想當明星，因而打扮漂亮跑去站在記者背後還刻意的露點，並且拿著連絡方式和三圍以及專長的字卡（擅長唱歌跳舞還有搞笑）的話，那更是雙料的該死，知名度還是有可能爆增，甚至登上入口網站的關鍵字排行榜，但保證徹底不是你想要的那種方式。

恰如其分的配角造型

觀看火場最佳的造型，當然，是不要去，不過如果你非去不可的話，就要讓身上的造型呈現出一種臨時起意的感覺，比如不成套的運動衣褲，美國的喜劇演員 Jerry Seinfeld 曾經說過，「身著運動褲出現在公共場合代表放棄人生，代表我很可悲，我沒法在正常社會生存，事已至此，幹嘛不讓自己

舒服點呢？」所以運動服是一個絕妙的想法，不然在睡衣外面披上一件外出大衣，如果能拿著一包垃圾或牽條狗就更完美了，代表你本來是要做別的事，但因為這裡好多人，所以忍不住要拉長人中的往這圈子裡伸頭看看裡面在作什麼，才能同時在滿足看熱鬧的低級願望之餘，又在外表上兼顧一種道德價值。

不是那麼不愉快的場合的話，則更有發揮的空間，比如過年時很多人愛到百貨公司去排福袋，這是不可忽略的上電視機會，排福袋這種場合，有兩個人保證可以上電視，一個是第一個去排隊的那個人，這排第一個的人，重點不在造型，而在攜帶的配備，如果你只是這樣赤手空拳的來了，全國觀眾朋友都會感到很失望，應該至少要攜帶雨衣，暖暖包，七大武器之首的折凳，還有熱水瓶之類。打發時間時你當然可以拿本書去讀，不然經典的撲克牌也是很好的選擇，但如果你能在現場擺出一桌麻將，我想應當更可以得到廣大觀眾朋友的讚美。

不想等那麼久的話，還有一個就是抽中汽車的幸運兒，既然人人都有可能抽中汽車，那麼任何人去排福袋時的造型就都不可忽略，畢竟誰也不想在抽中汽車之餘上電視卻聽到記者說：「這次的幸運兒就是這位穿著普通的中年人……」總是希望被記者稱讚一句穿著入時什麼的，既然是過年，就應該適度的表達出一種喜氣，棉襖或紅色系的配色都是很好的選擇，重點是你的髮型要堅固，在外面風吹雨淋排了那麼久的隊，大多人都是臉色蒼白披頭散髮，所以切記隨身攜帶化妝品梳子和小鏡子，隨時整理一下自己，畢竟抽中汽車卻在電視上看起來很憔悴，多少是件美中不足的事情，至於你裡面要不要穿紅內褲，和要不要給記者看，則看你個人的尺度了。

參加簽唱會時又略有不同，身為一個粉絲總是認為自己和偶像有某種特殊的默契，但其實這種默契到底有多可靠，可是誰也沒辦法保證的事情，在這種場合要在一大堆的歌迷裡脫穎而出，而不只是短暫握手或簽個名，配件是非常重要

福袋

據說源自明治末期銀座的松屋百貨公司，在新年時販售的一種東西，不同商品放入一個袋中以單一價格銷售，通常總值會超過售價，往往在多袋之中會有幾個有令人心生嚮往的大獎，因為不知買到的是什麼，拆開時可能是失望或驚喜。

陪朋友試鏡

不分國內外，眾多明星名模聲稱自己踏入這一行的原因，我認為這是經紀公司創造出來的一種神話，表示這人渾然天成，相較於他那平凡沒條件卻又大發明星夢的路人朋友，無心插柳的他反而可以長出一株奇葩，我至今仍然很想知道被陪試鏡的那些人到哪去了。

的，在這裡說的配件，可不是什麼皮包或圍巾，而是某種讓偶像不得不注意你的東西，打扮成偶像的經典造型是一個很好的選擇，代表你真的愛他而且注意他，但如果太像可能有點令人發毛，真正的大絕招是輪椅或拐杖，再也沒有什麼比假扮受傷或身體微恙更能得到偶像的注意了，切記要說你前幾天出了意外，但仍堅持從某個很遙遠的地方搭車轉車千里跋涉而來，這種賺人熱淚的情節保證可以得到跟偶像單獨合照的機會，當然，這手段是不誠實的，但像這種白色謊言不只能一遂你跟偶像接近的心願，還可以讓偶像顯得很有愛心，是一個雙贏的局面。

當然，配角當得好，畢竟是有個終極目標的，那就是大明星或超級名模在談自己成功過程時說的那句老套：「我當初只是陪朋友來試鏡，想不到……」

關於時尚之三
矯正與扭曲

人生於世很難知道適可而止的時機，

因此很容易一不小心，原本矯正的意圖變成了扭曲，

為了避免不足而變的過剩，

為了擔心過剩反而造成過度匱乏。

　　時尚有許多陳腔濫調，其中最廣為通行的一句該是時尚是種表達自己的方式，不過，在大膽表達自己的時候，我們其實很難擺脫那種想讓自己的影像顯得比實際上好看的欲望，也因此，時尚的矯正功能在此就可以做最大的發揮。

　　不幸的是，人生於世很難知道適可而止的時機，因此很容易一不小心，原本矯正的意圖變成了扭曲，為了避免不足而變得過剩，為了擔心過剩反而造成過度匱乏，在這矯正與扭曲、過猶不及間產生了時尚的萬般風貌，扭曲不見得是錯誤，布爾迪厄認為品味是後天學習的，也因此我們不只喜愛矯正後的完美，也開始懂得欣賞扭曲後的變異。

矯正與扭曲的核心思考

　　時尚最重要的主題，或者說，時尚最喜歡自欺欺人具有的功能之一，就是矯正修飾你的某些不足或過度之處讓你可以接近某種其實你不是的所謂理想狀態。

　　對於矯正與扭曲的執迷，我認為來自人類想要命名一切，控制一切的欲望，因為精算出完美的黃金比例，就認為自己該設法達到，畫虎不成反類犬也還罷了，東施效顰的醜態在後現代的分析裡，反而被認為是開出了一朵奇葩。

　　在所有身上能穿戴的零碎物品裡，真正具有矯正功能的，應該是眼鏡，眼鏡的歷史極為悠久，埃及便有關於閱讀放大鏡的記載，羅馬的皇帝尼祿去觀賞當時流行的人獸生死角力時，也戴著一副。

　　達文西曾經提出過直接把鏡片戴在眼球上的想法，那似乎是隱形眼鏡的鼻祖，但一直要到十九、二十世紀以後，才開始了隱型眼鏡的普及，在隱形眼鏡普及之後，眼鏡似乎變成一種書呆子的象徵，但有框眼鏡才是所謂真正的隱型眼鏡，戴上有框眼鏡以後你似乎自然的就隱形了，在繁華的社交圈裡你只不過是那個戴著眼鏡坐在一邊的人，沒人會多看你一眼。

　　正因為這種隱型的妙處，還有拿下眼鏡的戲劇性，讓很多

畫虎不成

畫虎不成反類犬，出自東漢將軍馬援教訓子姪的一封信，內容大約是說有個人很了不起，但你們不必學他，因為你們也學不成，跟這詞相近的還有東施效顰，邯鄲學步，深研成語就會知道，成語裡面充滿了刻薄別人的話，祖先的智慧如果流傳在成語中，那就是嚴厲的告訴大家要認清自己是哪塊料，不要動不動胡亂越級挑戰，畫虎不成的第二層意思是，如果你不妄想畫虎而只是好好做自己的話，至少還不到四不像反類犬的地步，值得深思。

電影或電視劇都注意到了這一點，因此超人在假裝他不是超人而是呆頭記者克拉克肯特時戴著眼鏡，女超人偽裝成乏味女秘書時戴著眼鏡，還有所有青春喜劇裡大改造以後令人眼前一亮的女主角們，在變身前幾乎手上一律抱著厚厚一大疊的書，而且臉上戴著，沒錯，就是眼鏡，而且不是普通的眼鏡，是標準的書呆子款式，那種深色厚重的塑料框。

從超人女超人貓女到女主角們歸納而來的結論，大變身就只是一種脫下眼鏡並換上緊身衣的過程嗎？那麼，在雷射手術發達的今日，眼鏡是否就已經不再必要了？的確，我在幾年前的時尚雜誌裡看過一篇過度樂觀的文章，認為在不到一百年內，眼鏡就會成為歷史的陳跡，屆時的小孩會在博物館裡指著眼鏡問爸爸媽媽「那是什麼東西」，就像我們現在看待馬甲一樣。

且慢下結論，只要翻過幾頁，就可以看到該雜誌的服裝攝影裡正大大頌揚馬甲所造成的沙漏型身體曲線呢。所有戴上眼鏡的人固然都粗略的被視為醜小鴨，但拿下眼鏡以後不見得個個都是天鵝，也因此眼鏡在矯正視力的功能之餘，還發展出一種裝飾臉部的時尚用途。

鏡框選得好可以讓你的臉部線條改變，可以增添一點你需要的角度，或者減低過分的銳利感，而這種企圖心都隱藏在矯正視力這個名正言順的目的之下，因此我建議大家，想要走這路線的人畢竟還是要裝鏡片，如果不裝的話，就徹底的是一種扭曲。在遮蔽與轉移焦點之間，其實又是一種玩弄別人目光的舉動，單純矯正的功能性出發到變成一種時尚配件，從那框裡看出去的視野，早已經不是原來的樣子。

男裝領域的矯正與扭曲

所謂矯正與扭曲最能發揮馳騁的場域，其實是在男裝上面，羅蘭巴特認為時尚是一種溫和的強迫，我認為最能發揮這種特質的，是男裝的剪裁。

巴洛克時期的身體不過是服裝的承載物，當時流行的複雜

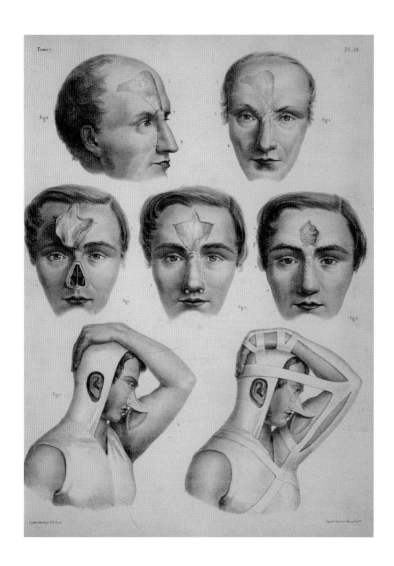

｜九世紀的塑型手術

十九世紀的整型手術示意圖，應該
是德國的，在這裡是一個鼻子重
建的手術，用上臂內側的肉來補鼻
子，感覺相當驚心動魄，當時應該
還沒發明現在的人工假鼻子內襯，
當然也沒有用耳朵後面軟骨來作鼻
頭的那種技術。

PAR EXCELLENCE IN
CLOTHES TO MEASURE

Golf — Sports — Riding — Yachting — Country Club Dress

James W. Bell Son & Co., INC.

GENTLEMEN'S TAILORS
522 FIFTH AVENUE, NEW YORK

1930 年的西裝廣告

二十世紀初期的西服廣告，從這裡
看來男性西服廣告的風格百年未
變，都帶有一種戶外運動的風味，
男子氣概跟運動本來就密不可分，
像在這裡就是高爾夫球裝的廣告，
男裝其實是造出來動的，如果西裝
沒法讓你自由活動，可能是做得不
好。

摺飾和荷葉邊為身體提供了某種掩護，在層層的蕾絲和假髮以及臉上的撲粉之下，你分不清楚他和他有什麼分別，一直到十九世紀以後，整個潮流才開始轉變，巴爾札克描寫的時尚男性耗盡心機就是為了讓自己看起來一切的行動都瀟灑自然，甚至包括在襪子裡的小腿處添加襯墊以達到理想的效果。

這種風潮至今方興未艾，理想的男性西裝剪裁是讓穿的人穿上以後一舉一動都顯得優雅自然，並且擁有社會對男性理想期望的那種體型，男裝雜誌一逮著機會，就要教導大家穿西裝的注意事項，從袖長褲長到領帶和鞋襪的搭配，總不厭其煩的一再重覆。

就我印象所及，女性雜誌從未投注如此多的心力，和如此重複的巨大篇幅在同一樣東西上，到底是西裝穿起來真的步步驚魂需要這樣耳提面命諄諄教誨，還是男人們死性不改屢勸不聽？端看我們的中年上班族一坐下拍團體照還是有人露出白襪，初出社會的新鮮人孤零零的脖子和腦袋從過大的外套裡伸出像隻鳥，就知道很多男人天天把西裝掛在背上卻從未真正的「穿上」西裝。

穿起西裝最完美的效果不是看起來一絲不苟，而是輕鬆寫意，在對細節斤斤計較的講究完了以後，要能夠忘掉那些細節，讓這身其實拘束又累贅的衣服顯得自然而然，能夠讓人讚嘆「你真好看」而不是「這西裝看起來好貴」，這不只需要良好的品味及眼力，也需要長久的練習。

當然，這樣的陳述看似是矛盾的，但時尚的目的從來就不在追求己身的舒適，你自己感覺再閒適再舒服，在時尚的領域裡都只是次要的，像乖乖附贈的小玩具，重點是在別人的眼中，你看起來是否閒適、是否舒服，男裝，尤其是西裝，就像唐詩，在嚴謹的結構裡要展現的不是規行矩步（那是八股文），而是無邊無際的自由。

一個理想的男性形象，是不應該花太多時間在思考他的穿著上的，要達到那種效果，靠得卻是背後下的大量工夫。穿得對選得好錢花得夠多的話，西裝其實（與前述那種喋喋不

休的麻煩形象相反）是一種善體人意的服裝，理想的西裝可以讓你看起來體型挺拔，英姿煥發，遮掩你不想被人看見的，強調你想被知道的，英國素負盛名的訂製西服，甚至會問你習慣把那話兒往哪邊擺。

　　在外套長褲與襯衫的格律裡面，其實隱含著一種思維，那就是西裝是一種矯正的工具，把穿上的人矯正成理想的男性，穿上西裝代表的是一種社會化的過程，端看大家購買第一套西裝的時機便知，通常都是求職或結婚。

女裝方面的矯正與扭曲

　　用在女裝上則有點不同，雖然大家也不是不講求外衣剪裁的修飾效果，但大家談論的重點都在身體上，外衣只是一層浮華的裝飾，重點在於裡面的身體，所以各式各樣具有矯正功能實而扭曲身體的內衣便應運而生，從束腰的流行就可以知道，郝思嘉可以束出十七吋的腰，白先勇筆下的金大班也是假屁股假奶勒出一身排子，一直到現在，所謂的調整型內衣還是歷久不衰，在女裝的邏輯裡面，不是這件衣服適不適合你，而是你有沒有把身體調節矯正到適合這件衣服的狀態。

　　當代女裝的流行如果從內衣的角度來看，其實是一種收緊與放鬆的交互循環，讓女人從束腰與裙撐間解放的，應當是香奈兒的中性和略帶運動感的風格，但在戰後Dior推出的所謂新風貌，其實是再度以內加束腰的緊身外套和圓裙復舊如初，他的敵人香奈兒女士說Dior不是在打扮女性，而是在裝潢女體，這樣一張一弛，一鬆一緊的來回，就寫成了整個現代的女裝歷史，女裝該是順流而下或逆流而上一直爭論不休，甚至像稱霸時尚界二十年的Karl Lagerfeld本人，就不斷的改變自己的說法，他也推出過泡泡型的寬鬆洋裝說是用來討好身體，也說過他討厭躺在沙發上吃洋芋片的胖女人，而跟著這外衣的潮流亦步亦趨的，與其說是女性的身體，不如說是內衣。

Dior new look

Dior的成名作，1947年的春夏系列，由緊身外套搭配圓裙的造型，得名自哈潑時尚雜誌編輯Carmel Snow的一句話，不只是其女性化線條，也因為這個造型使用了大量的布料，被認為是當時因為戰爭而憋久了的顧客縱情奢華的一大解放，同時也是巴黎重回時尚領導地位的一個重要事件，當然，回顧整個的時裝歷史，這個輪廓線條在當時也稱不上「new」，到現在已經過了幾十年了，當然更不new了，但New Look這個詞卻永遠的留了下來，像台北動物園的黑猩猩現在即使已經是成年的雄大猩猩，但名字仍然叫作「寶寶」一樣。

十九世紀的馬甲廣告

女性馬甲廣告，除了價格便宜，老少咸宜以外，廣告詞還寫著對衰弱的背部有治療功效。雖然現在已經很少人穿馬甲了，但能吸引人的廣告詞就是這樣，價格、年齡層和付加價值。私密的女性情誼在現在的內衣廣告也常見。

內衣古稱「褻衣」，褻字有輕薄不莊重之意，但內衣忙著集中托高這裡束緊那邊有彈性，顯然一點也不輕薄，而充滿奮發向上的積極性。

有悠久歷史的內衣，咸認是由纏腰布發展而來，考古學家發現一件公元前七千年的皮製纏腰布，可能是史上最早的內衣，埃及的法老王圖坦卡門的木乃伊發現時，也有多件亞麻布的內褲陪葬，貼肉穿著的這衣料跟人類密不可分，本意應該是外衣裡穿著便於清洗的布料，避免人身上的汗水等分泌物弄髒外衣，從而逐漸發展出輔助支持，甚至誇示炫耀的種種功能。

內衣何時變成一種性感象徵已不可考，修辭學上算一種借代，所謂借代就是不直接說出該事物，而以與其有密切關係的東西來代替的一種說法。世界各地的八卦小報特別愛拍女明星露底褲的照片，女明星常以「那是安全褲」來辯解之，在傳統結構主義二元對立的框架底下，內褲安全褲有著天壤之別絲毫馬虎不得。

結構主義認為人類社會是建築在傳統的歷史、文化和道德上，內衣之所以性感，很大一部分是因為「不該被看見」的禁忌刺激，在暴露程度一樣的狀況之下，內衣遠比泳裝更能刺激人們的感官，莎士比亞說玫瑰換了名字還是一樣芬芳，一樣是拍到片白色的布，是情色還是掃興，可得看它是內褲還是安全褲。

女明星們若是讀過德希達便不會在被拍到內衣走光時如此滿頭大汗，德希達解構分析主要的方法，就是對傳統非此即彼二元對立的超越，這兩個對立的面相其實是相互流動而不可分離的，這些分類不是絕對性的存在，而是在詮釋的過程中被賦予了不同的意義，所以懂得解構主義的女明星應該回答「總之你們看見的是褲子不是肉」（這樣說下去，解構主義頗有禪味）。

但畢竟在矯正與扭曲的世界裡，近代最主要的目光還是集中在胸罩上，十九世紀以後它正式的取代了馬甲，成為女性內衣的主流，七〇年代的女性主義運動（和電影《史瑞克》

安全褲

我一直認為安全褲是很小家子氣的一種東西，當然，我說的不只是為了安全（哪一種安全？）而穿上的女孩，最令人感到莫名的，是看到人家的內褲就興奮得不得了的那些人，到底別人的內褲有什麼好看的，至今我百思不解，我認為這其中的確帶有某種值得深思的哲學以及心理學問題。

裡面的公主們）焚燒胸罩做為女性不再受壓迫的象徵，到了八〇年代瑪丹娜卻在舞台上穿著Jean Paul Gaultier設計的尖錐胸罩（遭羅馬教廷評為「惡魔附體」）表達女性的強悍自主。

　　服裝，不管內外，在這裡束緊或在那裡添加，無非是為了追求某種完美體型的視覺效果，Vivienne Westwood推出的馬甲和迷你裙撐重塑了巴洛克時期豐乳肥臀的氣氛，調整型內衣訴求的是完美的女性身型，西裝雕塑身體線條與男性氣慨，一直到一九九七年川久保玲的襯墊系列才真正對襯墊這件事提出了思考，一系列讓人看起來宛如鐘樓怪人般駝背凸肚的服裝，還被比爾康寧漢拿去當作舞蹈的表演服裝，除了讓人開始思考服裝矯正與扭曲的意義之外，更令人注意的，應該是身體與衣服之間的關係，川久保玲被稱為前衛界的女祭司，她預言的是人與服裝、時尚與個人間的關係，在她用這個極端的激烈手法提出討論以後，很多人可能會開始思考時尚對人體的增減，是矯正抑或扭曲。

身體上面的矯正與扭曲

　　最近這幾季的熱門話題是身體形象，男裝設計經歷之前Heidi Slimane在Dior Homme時期徹底的改頭換面之後，最近身型強壯大塊肌肉的男模有回潮之勢，要說到時尚對身體形象的改變，Heidi Slimane在Dior Homme從2000年到2007年之間的系列是不能不提的。

　　在這之前理想的男性形象一直為粗獷的陽剛氣概所主導，但Dior Homme的秀上細瘦蒼白而年輕的模特兒們形成一股旋風，銳利如刀窄版剪裁的西裝、纖細的領帶、緊身褲和尖頭鞋成為千禧年第一個最重要的趨勢，不只改變了時尚的面貌，也讓Dior Homme成為當年最炙手可熱，最令人印象深刻的品牌。

　　許多女星也在紅毯上選擇這品牌的男裝燕尾服做為中性的性感裝扮，根據Heidi Slimane自己的說法，中性的形象

尖錐胸罩

瑪丹娜著名的演唱會造型，在她的金髮野心演唱會上出現，由名設計師Jean Paul Gaultier設計，不只是Gaultier的招牌，也是二十世紀時尚歷史的經典。在台灣，我記得羅璧玲曾經在豬哥亮歌廳秀穿過類似的設計，但我認為跟無敵鐵金剛裡木蘭號的關係值得大家細究。

川久保玲

品牌Comme des Garçons的設計師，日籍，當代最具影響力的前衛設計師。招牌顏色是黑，據說從未在鏡頭前展露笑容，是服裝界裡特別愛用腦筋的人。我認為穿上她的衣服會感覺自己好像頭腦變好。

並不是什麼新鮮事，從香奈兒在男友的毛衣外面束上腰帶到黛安基頓1977年在電影《安妮霍爾》裡一身寬鬆的中性打扮造成深遠影響以來，一直不乏女裝向男裝借靈感的例子，Jean Paul Gaultier也早早的就讓男人穿上了裙子，但Dior Homme的中性，重點不在陽剛氣質，而在發掘男性身上的陰性特質，更重要的，那種纖細是未發育青少年的纖細，恰恰為了那個迷戀青春的世代下了一個註腳。

當然，把Dior Homme一舉推上高峰的助力，莫過於Karl Lagerfeld的身體力行，在他身上的例子是，服裝不再修飾矯正你的身體，而是你矯正你的身體好放進你想穿的服裝，曾經過重每天牛飲可樂，總是穿著山本耀司寬鬆服裝的他，為了穿上Dior Homme，在2001年左右（當時他已經六十八歲）花了十三個月的時間，實行醫生為他設計的菜單以及減重計畫（包括運動，他還為了減重蓋了恆溫的游泳池，那個水溫永遠維持最適宜減重的水溫）發揮驚人的毅力勁減四十二公斤，成功的擠進Dior Homme的四十四號，也就是這品牌最標準的好看尺寸，當時甚至一度傳出他的健康因此產生危機，乃至於他已近風燭殘年的不禮貌揣測，最後，他畢竟還是挺了過來，還把減重的過程出了一本書。

他自己也承認，Heidi的設計其實是給青少年穿的，Dior Homme的發表會上有很多人不是專業模特兒，而是設計師在街上找來的青少年，已過耳順之年的Karl為了穿上勢必得採行如此極端的減重方法削掉四十公斤，事實上，按照一般的情況來說，大部分的青少年既沒有金錢也沒有心思去穿上昂貴精緻的名牌時裝，既然過去的十年時尚最主要的執迷是青春，那麼硬是調整自己，把自己的身體（至少包裹在衣服裡面以後）變成青春的理想狀態，便很合時尚的邏輯。

中性

本來應該是指性別間的模糊地帶，古希臘中性的形像是有著女性乳房和男性生殖器的，但一般的想像中都是偏男性化的，瘦扁的身材，細巧的輪廓，和直髮，其實也胖到一個程度也會有某種中性的效果。

尺寸的矯正與扭曲

這兩年時尚則又回頭注意起成熟之美，在女裝方面，設計師們終究要發現，真正有錢的主顧客其實畢竟是成熟的職業

人士，所以各大品牌又回頭找起八九〇年代的名模，現在年齡已過四十的她們演繹起成熟風範自然格外合適，尤其是許多模特兒餓死路邊的新聞，讓大家注意起尺寸的重要性，趁勢而起的是許多大尺碼的模特兒，但大尺碼的模特兒並不因此就過著比較輕鬆的日子，她們就像所有普通的女孩一樣會有體重的上下波動，但身為政治正確樣板的她們，只要一瘦些就要飽受你幹嘛要減肥的批評，其實也挺難為的。

事實上，對很多女人來說，尺寸如同年齡是不能說的祕密，永遠的性感女神瑪麗蓮夢露穿的據說是當時的十四號（這句話前面可以加上「驚爆！」這個字眼），根據統計，現在美國婦女的平均尺寸正是十四號，且慢得意（老娘的身材跟瑪麗蓮夢露一樣！），根據實際測量數據換算起來，她其實是現今的約莫六號尺寸。

五〇年代的十四號怎麼變成現今的六號？難道通貨膨脹也表現在衣服上嗎？一切都是因為最近興起的「虛榮尺寸」風潮，為了廣大消費者的自我感覺，女裝製造商們有一天猛然醒悟，有修飾過的美言遠比赤裸裸的真相好聽，既然尺寸不過是個相對值，那麼把尺寸標小一點不就皆大歡喜了嗎？

追根究柢，近代尺寸的標準化起源於四〇年代美國農業署（關農業什麼事？）為了當時盛行的郵購作的大規模普查，但這標準化尺寸規定沒通用多久，隨即被各廠商自訂的標準所淹沒。由於軍裝製造的遺緒，男裝尺寸相對上來說還比較合理（但我想如果是保險套的話應該有發揮為「大」「超大」和「大到不行」的空間），女裝則完全進入創作的世界，也就是在一定的框架下表現出徹底的天馬行空，一般來說，昂貴品牌的衣服比平價品牌的衣服小，熟女品牌的尺寸要比標示的大，褲腰平均比標示的大了一到三吋，在理解這個事實以後除了質疑自我感覺之虛幻，我們還要問，為什麼把衣服尺寸標小會讓我們感覺良好？或者，進一步說，瘦即是美，誰規定的？

郵購

透過寄送目錄來銷售商品的一種手法，以前小時候曾經流行過傳閱郵購目錄，我一直很想知道那些公司後來怎麼了。至今的網路購物其實是郵購非常強勝壯大的直系後代子孫，我認為跟實體購物的不同點在於寄來時拆開包裝的驚喜感（明明是自己付錢，但就有種拆禮物的快感）。

時間也是演進的推手

　　回顧歷史和不同文化可以發現，美的定義會隨著社會背景改變，好比紀元前一萬三千年的雕像「威倫道夫的維納斯」，有著豐滿下垂的乳房、大肚子和肉嘟嘟的大腿，在當時這種充滿生育力象徵的豐滿體型被認為很美，米羅的維納斯雕像腰圍三十二吋臀圍更是驚人，但仍然是美的象徵，美，一直是種社會化的產物。

　　近來豐滿成熟女性，和健壯男性形象的回潮，有人認為不值一提，因為他們認為不會有人依照流行去改變自己的體型，但事實上，依照流行改變體型的事情不斷的在發生，從崔姬當紅的六〇年代引起的減肥潮到男性健身的風氣，都是時尚在矯正甚至扭曲人身體的最佳例子。

　　時尚被許多人認為純粹是展示性的，其實它是展示與遮掩這兩種元素的巧妙調合，經典的例子比如葛麗絲凱莉，在她懷孕的時候用愛馬仕的皮包遮掩隆起的小腹，不只留下了她經典的一張美麗影像，也奠定了這個皮包在時尚史上的經典地位，此外如靠露胸部來轉移對臀部尺寸的注目，靠保守高雅裝扮來讓人忘卻你不堪回首的過去（有人說紀凡希設計的優點就是讓所有來路不明的女人都看起來像名媛淑女），都是不管在外表上，或在更深層的意義上，靠展示與遮掩來凸顯你想被看見的，以及讓人遺忘你不想被注意的地方。

歲月的矯正

　　但，以扭曲的觀點看來，刻意遮掩的地方有可能更引人注目，比如之前提到的，Karl Lagerfeld 硬要變身成青少年的體型，反而讓人好奇起他的實際年齡，或者，用在所謂的保養上，更是如此，所謂的保養，便是對歲月加諸在你身上痕跡的一種矯正。

　　讀存在主義大師卡謬（Albert Camus, 1913-1960）的著作《薛西佛斯的神話》談人生的荒謬，實在很難不想到保養，保養雖說有控油保濕等諸多名目，但最終其實都是同一個目的，那

名媛
社交場合及派對為其天然棲息地的華麗動物，最重約可拎起一只八分滿香檳杯，潮流的領導者之一，媒體版面的花俏飾邊，通常為某某某的女兒或某某某的（廣義上的）老婆（某某某請填入任一富人姓名）。

就是讓自己維持在歲月裡某個最美的時刻。

酒井順子的《我是美女》提到旁聽婆婆媽媽們聊天，說到某太太多美多年輕，但就她看來，不過就是一群無甚差異的六十多歲女人罷了。死亡使人平等？其實不用到那時，年老就已經使人平等，到了某個年紀以後，有沒有保養的細微分別其實也只有自己看得出來，有個熱愛保養的漂亮朋友要說了一句狠話：「沒有天生麗質保養也惘然，醜八怪保養只為向世人證明自己已經盡了力。」

保養絕對有其功效，好比我們有許多二次世界大戰傳承到現在的國軍裝備都還在使用，顯然是保養得宜的關係，在人身上更不用說，無數的例子的確因為保養而美得多、美得久，無論是維護器材的使用功能，或是外表的增進維持，保養可以延長有效期限，但不管使出多少力氣法寶，那個「限」字還是一定會到來（尤其是當非常努力的時候，對種種細微變化加倍在意起來，反而感受更強烈）。

所以我想起薛西佛斯，一個希臘神話裡的人物，他遭受天譴，被宙斯懲罰必須日復一日的推巨石上山，在推到山頂後，巨石又會滾落下山，如此日復一日；這過程跟保養的相似之處顯而易見：大石推到山頂注定要掉落，每天擦緊緻拉提的昂貴乳霜，但地心引力還是帶著你的肌膚往下掉，以為拉了皮就一勞永逸嗎？脖子手腳都會洩漏你的年齡。用任何方法想要對抗歲月流逝終究是徒勞無功的，明知沒有任何辦法能阻止我們變老，保養品還是大把銀子的買，微整型的痛還是照忍，思想上接受那不可改變的毀滅，但行動上卻絕不逆來順受，這種對抗真的深得「批判的存在主義」之精神。

最重要的是，這種焦慮本身就是一種上了年紀才會有的焦慮，愈是極力的想讓人不注意到這個地方，大家往往下意識的愈想往那邊看，好像補過的牙齒，你偏偏要不停的用舌頭頂它看看是不是牢靠，然後因為你過度的頂它，讓它變得又更不牢靠，這種矯正的壓力往往讓這一切適得其反，有時候矯正不成，更往你不想要的那個地方扭曲了過去。

要談時尚裡的矯正與扭曲，終究不能不提到真槍實彈動刀動槍的地方，也就是整型，整型本來的目的在於讓人更接近理想中的自我形象，應該屬於一種微調而不是徹底的推倒重建。最著名的整型成功範例應該是瑪麗蓮夢露，初出道的她被指稱臉部不夠立體，在鏡頭上效果不佳，在進行堪稱二十世紀先鋒的墊下巴手術之後，從此不只星途大開，同時大概也開啟了從此演藝人員與整型刀鋒的纏綿史。

整型手術在意義上可以分為兩類，一種是自己買上天本來就沒給你的，另一種是拿回上天從你身上奪走的，也就是一種是矯正先天的缺陷，一種是修復後天的流失，第一種比如隆乳墊鼻子或割雙眼皮都算，第二種自然就是拉皮脈衝光了，但整型手術最忌諱的是不知何時該停止，比如很多接受隆乳手術的人事後常感到後悔，當時應該弄得更大，其他諸如鼻子應該更尖、臉皮應該更平，或者嘴唇應該更豐潤都屬於其中的例子，但整型到了極致，就會產生截然相反的後果。

本來整型的目的應該是讓人覺得那是你天然生成的，但現在許多做到極限的整型實在無法讓人覺得自然，在那種過度人工化的扭曲奇觀裡，我們初看會感到害怕，比如在紐約的夜生活裡非常著名的Amanda Lepore（她也是攝影師David Lachapelle最鍾愛的模特兒之一），就經歷過非常多次的整型，她的臉孔與身體已經距離自然的理想非常遙遠，但觀看她絕對能從其中得到一種震撼，那種震撼和天然的絕美給人的震撼其實相當類似，是極度人工化的一種體驗，矯正與扭曲在她身上其實得到非常大的發揮，就像東方傳統的盆栽藝術，原意是要在方寸之間模擬自然，卻往往走上偏狹而瘋狂的道路。

歧途上的美景

時尚裡的矯正與扭曲，從眼鏡功能上的矯正到扭曲至喪失

功能只為了某種虛假的外在形象，到男裝嚴密的剪裁目的其
實是為了表達底下身體的輕鬆自如，到女裝的束緊與襯墊，
以及身體形象隨潮流的改變，和對保養與整型所下的功夫，
事實上，為的都是接近理想中的那個形象，我們天生的在照
鏡子時就會拿理想中的自己和鏡中的現實對照，一切的努
力原本都是為了接近那個理想中的形象，但在矯正的過程中
往往揠苗助長矯枉過正，導致種種誤入歧途的扭曲，但這其
中真正的妙處在於，鏡相不見得完全正確，腦海中的理想自
我形象，也許也不是真正適合自己的東西，在誤入歧途的同
時，歧途上的奇花異草，往往也令人流連忘返。

關於矯正與扭曲，
我認為以下的概念或事物值得參考：

戴了眼鏡的超人，似乎就
已經完成了一次變身。

現代西裝從巴洛克時期的
演進。

整型與保養，就像是無止境的薛西佛斯神話。

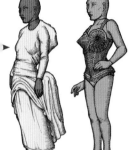

女裝的演進，則不得不提到內衣、瑪丹娜及川久保玲的凸起裝。

Karl Lagerfeld 減肥前後過程令人驚嘆。

手提包的歷史演進。

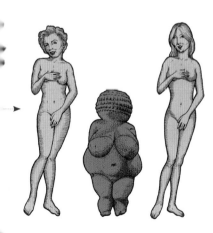

服裝尺寸的迷思，由瑪麗蓮夢露、威倫道夫的維納斯到維納斯到 Kate Moss 可以窺見端倪。

關於時尚之四
無關緊要

在時尚裡面，的確有一些東西尤為無關緊要，

所謂的無關緊要，不是指你不必在乎它，

而是人們往往在這些部分上投注過多的心力。

無關緊要的東西在別人眼中看來，

對你的整體造型影響微乎其微，

但可以讓當事人從眼前的小飾品小配件小物上得到一點安慰和休息。

時尚的無關緊要性是一種遁逃，

更是一種奢侈。

　　嚴格來說，任何時尚潮來潮往，服裝雜誌上濃圈密點的所謂重要趨勢、必備款，或今年千萬不能沒有的單品，其實都是無關緊要的東西，畢竟，跟人生的重量相比，腰線高低或裙長，包包的大小軟硬，褲管寬度與鞋跟的相對關係，都是輕而易舉，一片蛋糕的那種等級，村上春樹在讀太太的服裝雜誌時也一直想大喊「那又怎樣」！不過，任何東西都是比較相對而來的，在時尚裡面，的確有一些東西尤為無關緊要，所謂的無關緊要，不是指你不必在乎它，而是人們往往在這些部分上投注過多的心力。

　　無關緊要的東西在別人眼中看來，對你的整體造型影響微乎其微，比如小飾品、頭上的髮帶、水晶指甲或袖扣，都不是能夠讓你化俗成雅，或者掉入俗氣的萬丈深淵的重要元素，無關緊要的元素是對別人而言的，多半時候這些無關緊要的東西，是為了自己。

最顯著的無關緊要的東西

　　在所有無關緊要的枝微末節裡，髮型是人們以為最重要，但其實別人根本沒印象的一種東西，不然你試試看描述辦公室裡每一個同事或班上同學的髮型，就會發現這出乎意料的困難，你會記得的，只有矇大過海把頭髮黏成人造美人尖或失敗的燙成雷擊爆炸頭的那些，所以仔細想想，髮型跟那個哭你獨自哭笑全世界與你一起笑的格言相反，髮型弄得好你獨自笑，弄得不好則是全世界一起笑你。

　　除非你是一個舉世知名的巨星，不然，花最多時間觀看自己容貌，審視臉上細微變化的人，應該還是自己，事實上，沒有人會那麼仔細的注意你今天是不是多了顆青春痘，或稍微有點黑眼圈，這種自己很在意但別人可能一無感受的，最明顯的例子，應該是髮型。

　　很多人愛說自己頭髮一順整天心情特別好，認為頭髮是一天的開始，事實上，我很早就發現到，你身旁的人看你不過浮光掠影的看個印象，對你髮尾修剪的樣式，甚至是直是捲

都不見得說得清楚，當然，好的髮型對臉部有修飾效果，但理想上來說，愈好的髮型，髮型本身愈不會讓人留下印象，因為好的髮型目的應該要讓你看起來很美，而不是你這髮型真特別，反而糟糕的髮型反面的重要性隨著髮型的糟糕程度而激增。

花在頭髮上的工夫可以很多，但重點是那些工夫得要看不出來，美女很愛的一種作態就是說自己沒有洗頭，這是一種表示自己麗質天生的方法，用在頭髮上的工夫如果明顯得可以讓人看得出來，通常結果都很不幸，比如燙得過蓬，瀏海一定要一絲一絲的平均分布之類，不過，最明顯的例子，莫過於半禿中年男子的瞞天過海，看著那些稀薄的頭髮艱辛萬狀的橫跨光禿禿的頭皮，讓人感到一種絕望與焦躁，事實上，那也沒辦法掩蓋任何東西，反而徒增一種喜劇效果，而且，不管你多努力，其實別人仍然覺得你是半禿男子，不會因為你很努力而給予你掌聲。

另外一個跟髮型有點類似的東西，則是眉毛，眉毛的功能眾說紛紜，我想硬要解釋眉毛功能的人應該很痛苦，因為說真的，眉毛真的沒什麼用，超級名模Karen Elson開始走紅的原因之一，是雜誌的編輯認為她不需要眉毛，剃光眉毛以後她果然從此事業一帆風順。

眉毛跟髮型的共通點在於，修飾得非常成功時，其實根本沒人注意到，但一失敗馬上醒目起來，比如紋眉褪色以後變成青色，或者修得太過度導致永遠呈現驚訝狀，都是失敗眉型讓人印象深刻的例子，但如果要談怎樣的眉型算是成功，可就沒那麼容易了，眉毛頂多能算是眾多的細節之一，但過度的把重點放在這上面，不只不會改善，反而會因為你過度的注目而有愈弄愈壞的可能，從眉毛上面，我們可以得到一點人生教訓。

化妝也一樣，就我看來，大部分的人畫妝總不會在剛好的時候停止，然後又往往過度誇大自己素顏和上妝後的差異，不管用什麼手法，化妝除了一點遊戲的樂趣以外，最主要的目的當然是讓自己看上去更美，普通人化妝的目的

瞞天過海
三十六計的第一計，原本的意思是指因為人們的習以為常而對事物忽略與鬆懈，用在髮型上，這海是地中海，地中海禿的男子為了遮掩發亮的頭皮，而把兩側留長往中間梳，意思意思表示也是頂上有毛的一種髮型。

安迪沃荷與自己的肖像
安迪沃荷和他的肖像合照，安迪沃荷的白髮多年來都是假髮，然後據說他訂做了一大堆相同的衣服天天穿，想是有意的把自己營造出一種讓人一眼就可以認出的清楚形象，不過我覺得最有趣的是他的照片和本人擺在一起判若兩人，可見照片之不可靠。

並不是完全改頭換面（又不是犯罪欠債跑路或作間諜需要易容）。化妝的主要目的，是創造出一個較好版本的自己，一個理想中的自我形象，安迪沃荷說青春痘不屬於你想完成的好畫，米開朗基羅可以從廢材大理石裡雕出完美的大衛像，化妝，從打陰影創造出空間感的油畫技巧到運用膚色進行階級攀升的高度概念性，做為一種藝術，應該也是在喚出自己不完美外在裡的精隨吧。

問題是，如果你願意仔細閱讀報導化妝的文章，就會知道，化妝在時尚裡不只是讓妳看起來更美，它還有趨勢，從色彩到風格，不同的色系，唇線的描繪，甚至是光澤或粉霧的質感都大有講究，在經歷這麼多麻煩以後，其最終追求的效果仍然是「你真美」而不是「噢你有化妝」，七成的男性宣稱不喜歡女朋友化妝，但九成的男性沒辦法分辨女朋友有沒有化妝，箇中的奧妙很值得思考。

說到身體髮膚，不可不提的便是指甲，不知道從什麼時候開始，水晶指甲變成一種風潮，看看到處林立的美甲店，會發現，美甲不只是把指甲修出個漂亮形狀，塗個顏色而已，而是在上面用精密工藝的技術，黏上各式各樣的裝飾品，或畫上圖案之類，對於水晶指甲的風潮我認為徹底的呈現了無關緊要的這個概念，畢竟，除了你自己以外，應該很少有人可以有那個閒工夫欣賞你畫在指甲上的清明上河圖之類，就像故宮展出的果雕牙雕，妙是妙了，但總有一種百無聊賴的氣氛和一個鬥雞眼的表情在裡面，很少人會真的仔細看，這樣說來，水晶指甲有點類似於寶寶的照片，你自己的會看得很開心，但誰也沒有那種閒工夫去認真看別人的如果稱讚寶寶的濫調是「跟你好像」，那麼萬一遇見做好水晶指甲秀給你看的朋友，你總是可以回答她「想必一定花了很多時間」。

這樣說來，頭髮膚色指甲眉毛，的確在時尚上是無關緊要的，Vivienne Westwood 喜歡特殊的服裝，因為她覺得其實人都長得差不多，一般談時尚的歷史，提是會提到這些東西，但真正集中的重點仍然是服裝或配件，以及整體的輪廓，身體髮膚是跟著服裝風格走的，作為整體中一小片的枝

努力

把力量盡量使出來，奮發向上。大家耳熟能詳的愛迪生說天才是九十九分的汗水加一分的靈感，但其實還有下句，但那一分得靈感是最重要的，比那九十九分的汗水還重要，人生於世誰沒努力過，努力是必備的，不是可以拿來說嘴的東西。

百無聊賴

非常無聊，非常無事可做。是一種天長無事，翻著白眼，搖著扇子，亂按遙控器的狀態，說是悠閒也不是，說是煩悶也不是，在這種狀況下很容易亂嗑瓜子亂買東西亂談戀愛，夏宇詩說你正百無聊賴我正美麗，

古代的袖珍藝術

水晶指甲弄到極致似乎接近一種袖
珍戲劇,或微雕藝術,我想世界上
的某處應該有人把西湖十景畫在指
甲上,在這張圖裡則是嘲諷當時過
度複雜的髮型帽飾,他頭上有人在
划船和釣魚,她頭上則有麥草風車
一人瞭望遠方一派鄉村風味。

微末節，也可以順便印證美麗是膚淺的這句話，不過，美麗本來就是在表皮上啊，不然，難道你想要光彩四射的胰臟嗎？

花邊底下的花邊

　　無關緊要的東西不只表現在身體髮膚，時尚本身就是由許多無關緊要的元素構成的，常讀時裝雜誌的人如果記憶力好的話，久而久之就會在腦海裡留下很多跟時尚有關的花邊，不過，累積再多的花邊也做不出一件好衣服，花邊永遠都只是花邊而已。

　　要說到精緻的花邊，不能不談高級訂製服，談時尚很多人愛聊Haute Couture，也就是時尚界的終極夢想，高級訂製服，關於它到底是死是活，多年來有很多爭論，聖羅蘭說過高級訂製服已死，而像Lacroix品牌的結束也讓人更深刻的思索這問題，Haute Couture一詞是個有嚴謹定義，具有法律意義的詞，品牌要使用這個詞來稱呼並宣傳他們的系列，必須要列名在公會的名單裡，在根據地巴黎有個雇用至少十五個工作人員的工作室，為私人客戶進行一對一的量身訂製，並且一年發表兩個系列，每個系列至少三十五個包含日裝和晚裝的Look。

　　根據這個定義，最近這幾年來，可能只有Chanel、Dior、Gaultier幾個正式會員和Elie Saab、Valentino以及Armani這三個外國會員發表了完全符合定義的系列，其他諸如Givenchy（常常只有幾套，而且幾乎都是晚裝）或Alexis Mabille成衣和訂製服混合的發表會，這些不完全符合條件的即使通通加起來，還是十隻手指數得完。

　　跟全盛時期數十個品牌競艷，甚至也不過幾年前的景況和排場（Dior包下火車站或巴黎歌劇院舉行如夢似幻的大秀）比較起來，高級訂製服似乎像大家所說真的正在凋零。由於生活型態和時尚潮流的改變，現在的女性不再像從前有那麼多時間到巴黎去採購試衣多次，也不再像過去那樣要求從頭

膚淺

傳統是解釋成局限於表面，淺薄、不深、不多，表示沒有深度、欠缺內涵、餘韻匱乏。但其實會覺得膚是淺的，只是因為看得不夠仔細，皮膚有好幾層還有毛孔神經汗腺，然後要讓皮膚乖乖聽話，不亂發紅過敏起皺，學問可大著呢。

到腳的完整造型，而偏向更自在的混搭，再說，許多品牌提供的服務也模糊了訂製服和成衣間的界線。

高級訂製服的純粹性，讓我想到物種的消失，有些物種的消失肇因於堅持純粹性，比如，真正的台灣土狗，從臉型到毛色，以及耳朵和舌斑，種種特色都詳細列舉，體型還得胸深由下腹向上收，即所謂「高弓腰」，再加上彎如鐮刀的尾巴，種種外型定義加上基因序列檢定，拼湊出所謂「純種」台灣土狗，而這種定義下的純種台灣土狗只剩下數百隻。

有人認為高級訂製服的衰落是一種美好技藝傳統的失傳，就像台灣土狗的銳減彷彿象徵著什麼似的，其實，現在的服裝品牌一年發表四到六個系列，生意拓展全球，時尚正像滿街野狗一樣普及，只是樣子有點不同罷了。

人人有話說的年代

關於時尚人人有話說，網路上的討論區因為是閒聊，妙在沒有清楚的目的，所以很多人會分享非常無聊的知識，而且那種知識之無聊，甚至連花邊都稱不上（然後很多時候甚至不是事實），除了風格和穿搭這種問題以外，大家最愛討論的名牌細節分辨當屬正品或仿冒品的問題，不只要看自己買來的二手貨是不是真的，還要看別人手上那個是不是假的，這個路線，我認為就無關緊要至於極點。

LV的包包因為是仿冒的大宗，所以這方面的討論永遠沒有停過，從對花、縫合的方式，到襯裡的樣子（跟仿冒無關的另一個則是如何把那個原皮變成蜂蜜色，有人說要擦油，有人說千萬不可擦油，有人說要日曬，有人說千萬不可日曬，有人說要擦油再日曬，有人說……總之），還據說有一個隱藏序號藏在隱密的地方，然後包包的序號會跟購買時的購買證明上面相同以資比對，很多人據說他們會拿著手電筒裡裡外外的翻啊扯啊得找自己皮包裡的隱藏序號，事實上，就算找到又怎樣呢？

至於Gucci或Bottega Veneta包包裡面附有的那張寫有

混搭
將本來不同風格，不同材質的東西互相搭配。突破本來成套穿著的法則，英文有此一說叫mix & match，除了指一種風格，也可以指把你衣櫥裡已有的東西重新搭配，不只衣著，室內設計或飲食也可能使用這種手法。混搭，混搭，多少罪惡假汝名以行之。

二十世紀初身著訂製服設計師
Jeanne Paquin作品的告別背影

Jeanne Paquin是二十世紀初的重
要設計師,第一個成立時裝公司的
女人。招牌風格是帶有復古味道的
精緻粉彩晚裝,也是作行銷的能
手,比如派出穿著她服裝的模特兒
去看歌劇或參加賽馬會這些社交場
合,訂製服的客戶可能少了,但這
行銷絕招現在大家都還在用。

12345676890的小紙卡功用則眾說紛紜，在這十個數字裡面其中一個會有缺角，有人認為是某種神祕的象徵意義，可能破解以後可以找到該公司的祕密寶藏之類（又不是達文西密碼），其實那只是說明這包是從哪個廠出來的一個東西罷了，這件事令人驚嘆的地方不在於大家想像力那麼豐富，而在於有人鉅細靡遺的在檢查自己買來的東西，連那張小紙卡都不放過。

當然，名牌的冷知識不只這樣，比如很多人愛如數家珍的背名牌的材質和顏色，愛馬仕的皮質有togo或epson等等名稱，顏色更是多如繁星，名牌最擅長的就是替顏色取名字，他們從來不會說推出的這個包是藍是紅是綠，總是海軍、熱那亞、土耳其玉、石榴、九重葛、夕陽、翡翠、湖水或苔蘚，有些人就會不知出於什麼原因把這個色卡和皮革資料背熟，然後來跟大家熱烈討論，不只所謂的時尚名牌，對於潮牌或牛仔褲的熱烈研究也常常令我感到不可思議，對於只想走進店裡試穿然後覺得價錢可以就買下穿上的我來說，我老是詫異這些人愛聊那麼多不重要的小事，不過當然，時尚是一個有很多層次的東西，所以可以從不同的地方得到樂趣，也是很合理的一件事，除了研究品牌每一季推出的新東西以外，回顧一下歷史也很有趣，因此vintage也是一個顯學。

有點難在中文裡找出個跟vintage相應的詞，一九二○年以前的服裝才稱為antique，古董，稱作vintage的，是二○年代到八○年代（最近逐漸延伸到九○年代早期）的服裝，譯作中古二手又不能曲盡其妙，畢竟中古二手有種廉價拍賣的跳蚤市場氣息，但穿vintage進而收藏可是優雅尊貴，識貨懂行的一種行為。

攀上時尚的天梯

服裝設計的歷史足跡繽紛浪漫，大家都往前看時，回頭特別有韻味，穿上該年代具有代表性的設計師服裝，代表你知識夠，從一大堆舊貨裡掏出寶來，顯然識貨得不得了，能夠

用舊東西搭出新意，品味令人不得不豎起大拇指，至於甘冒風險把有價值又無法取代的文物往身上穿，更是奢侈得使人心驚肉跳。

其實，流行本身便是一種循環，從二三〇年代的Vionnet或Chanel，四〇年代的Balenciaga，五〇年代的Dior，六〇年代的Courreges，七〇年代的YSL到八〇年代的Mugler，他們當年的設計元素和線條往往仍然是當代設計師不斷取材借鏡的對象，也難怪有人專門收藏研究，更何況，時間的淬煉能讓某些東西更顯價值，至不濟也能多些古趣，因此vintage能夠吸引最刁鑽，最以品味自豪的一群時尚精英，在時尚界的眼中，女明星穿新衣走紅毯已不是新聞，穿上骨董vintage才表示眼光獨到（在大眾的眼裡則無關緊要，重要性遠不如乳溝）。

知名拍賣公司像蘇富比或佳士德都有服裝珠寶這個專門的品項，在拍賣的世界裡服裝也是無關緊要的，重要性遠不如瓷器或當代藝術，不過，像前面提到的Vionnet或Balenciaga也能衝到可望不可及的高價，一個提醒，所有的骨董在當年都曾經是嶄新製做出來的，只要下工夫，你也可以成為骨董衣的收藏家，要成為值得收藏的衣物，是有某些條件可循的，比如是當代具有代表性的設計師，特色強烈甚至有些怪異的單品，以及精細的手工等，都是將來飛上枝頭的要件，諷刺的是，往往那些流落到大打折時還賣不出去的怪衣服最有成為vintage甚至骨董的冠軍相，因此，各位未來藏家，準備好信用卡，往特賣會出發吧。

藏家

畫廊或拍賣公司對客戶的一個雅稱，本來嘛，客戶、客人，聽起來就是有種商業交易的俗氣，說起來好像焚琴煮鶴之餘，還要算那隻鶴有幾斤肉那樣大煞風景，但藏而成家，好像就有了個專業身分，漂亮的文字就有如許魅力。

入門款

一樣是名牌，有重要的東西像主打的款式，或超貴的特殊款，而名牌出的那些無關緊要的東西，普遍被稱為入門款，看到這些東西，老是讓我想到一個故事，曾經收錄在小學課本裡的「一束鮮花」，想必大家都耳熟能詳，是一個生活邋遢的懶人因為收到一束鮮花，一件改變接著一件，從奮發打

掃環境到整理自己，最後轉型成一個奮發向上的典型A型處女座的勵志故事（雖然我認為等到花一枯萎他就會迅速的回到原來的生活，不過那不是小學課本會告訴我們的事）。

那，如果他得到一個名牌的零錢包，他會一件接著一件，從鞋子到外套，最後變成Lil Kim或大S嗎？名牌常把相對價格較低的商品叫做入門款，媒體也常常有入門款多少錢有找的這種單元，似乎要踏進名牌世界（聽起來像是一個主題遊樂園，應該會有Chanel雙C標誌形狀的雲霄飛車軌道和LV Monogram圖案的碰碰車之類的吧，離題了），總是得從小件的東西開始，然後逐步走向不同領域（當然也有人一直在門邊打轉，買遍各品牌的入門款而不願意深入其中的）。

像這種名牌的小東西，因為單價相對較低，所以很多人手上或多或少都會有，比如Tiffany人手一條的銀手環，無聊的小項鍊、零錢包、手機繩，乃至於包包上的吊飾，無聊小東西界的第一把交椅愛馬仕出的就更多了，從什麼掛在包包上的手套夾，到鵜鶘或飛馬型的鎖頭都可以歸於此類。

這些東西的妙處就在於無關緊要，我知道很多人去逛街沒辦法接受空手而回這種結果，所以這些無聊的小東西就發揮了讓你不至於空手而回的功能，這些東西對你的整體造型毫無幫助，但對心情上可能有些許慰藉的效果。

其中最明顯的例子，應該就是男士袖扣，我認為袖扣徹底是一種無聊的東西，很多人認為它是品味的象徵，當然，要用袖扣得要穿那種可以用袖扣的襯衫，西裝的袖長也要恰到好處來展現你的袖扣，男裝因為規矩奇多，所以在袖扣上用個飛機或小汽車就算童心未泯，用個問號和驚嘆號就是幽默，鑲顆小鑽石就是奢華了，袖扣這個小東西妙在毫無用處，不只沒有用處，可能還增添很多麻煩，但就是這種無聊的地方可以讓戴者自覺與眾不同，即使，在別人粗魯不負責的一瞥裡，可能看不出來哪裡有什麼不一樣。

女性的小飾品也是類似的邏輯，比如可愛的小項鍊、小戒指、小手環，還有買之不厭的髮帶髮圈髮夾髮飾，事實上，如果不夠顯眼，根本被看見的機會就不多，我認為那樣的小

飾品是為了自己戴的，在買的時候很有趣，戴在身上時可以不時把玩，或看著它在手指手腕上閃著光的樣子，或單純的堆疊在盒子裡，吊在梳妝台前掛首飾的小樹上，單純為了擁有的樂趣也值得。

像這些無關緊要的東西，為的都是自我感覺，因為其實別人放在你身上的注意力，遠比你自以為得到的要少得多，往往你洋洋自得的細節，在別人眼中不值一提還算幸運了，大部分的人是根本沒有注意到那個部分，所以在這些無關緊要的細節上要求取大家的注意其實走的是死胡同，如果能弄清楚這些東西的目的其實是讓自己開心，應該可以坦然許多。

另外一項無關緊要的東西，則是所謂的性感內衣，不知道為什麼，性感內衣是很多人想到要增加夫妻情趣時，第一個會買的東西，而且，好品質的性感內衣其實價格高昂，但仔細回想性感內衣派上用場的時間就會知道，以那個單價和穿在身上時間和該物件所用布料的比例，性感內衣可能是每平方公分單價最高的東西，因為性感內衣就是要激起另一半的欲望，欲望一旦被激起性感內衣很快就要被扯下丟在一旁，所以為了那兩分鐘的視覺刺激，這樣的花費不可以說不奢侈。事實上，奢侈本身就是各種無關緊要元素的集合。

談奢侈，我本想濫情的寫下「奢侈是邪惡，是墮落，是把感官的旋鈕開到最大，奢侈是開香檳時砰的一聲響，是比星辰還閃爍的鑽石光芒，是肥鵝肝在口中融化，是肌膚接觸柔滑栗鼠毛的顫慄，奢侈是一切讓你瞇起眼睛的酥軟⋯⋯。」這種句子。但，冷靜來說，奢侈也不過就是某種多到滿出來，其實也沒必要這樣的狀態而已。奢侈是種踰矩，是恢弘龐大的浪費，是對物質不必要而且帶有毀滅性的過度使用，很多人會誤以為奢侈一詞與感官上的享樂完全相等，事實上，享樂雖然也有豐盈、過剩的氣味，但享樂之所以為享樂，最重要的是其任性妄為，自我中心的特質。

紅樓夢中賈寶玉在「撕扇子作千金一笑」裡，以富家公子的角度講解過他定義下的愛物：「這些東西原不過是借人所用，你愛這樣，我愛那樣，各自性情。比如那扇子，原是搧

的，你要撕著頑兒也可以使得，只是別生氣時拿他出氣；就
如杯盤，原是盛東西的，你歡喜聽那一聲響，就故意砸了，
也是使得的，只別在氣頭兒上拿他出氣，這就是愛物了。」

　　這裡所謂的愛物不只是物盡其用，而且這用途是純粹只有
你個人能了解的用途，這東西對你個人產生了只有你能了解
的意義，這才是真正享用物質的方法。安迪沃荷談錢：「我
曾經在史坦頓渡輪旁把鈔票丟進東河裡，就為了看它在水上
飄。」從這看來，安迪沃荷不只深諳奢侈之道，也是最懂得
享樂的人。

　　把精力大量的投注在無關緊要的東西上面，在時間或金錢
上都是一種奢侈，時間和金錢廣義的來說都是資源，資源浪
費的那種餘裕正是奢侈的精神，無關緊要的東西之所以在時
尚裡面占有一席之地，絕對跟奢侈的光芒有關。

皮毛小事

　　說到奢侈與無關緊要，很多人都會說那是皮毛小事，真
的，皮毛在這無關緊要的主題裡不能缺席，皮草對某些人
來說是極致奢華，對某些人來說是十惡不赦，愛護動物組
織PETA有句話說，皮草是美麗動物的皮穿在醜陋人物的身
上（不過，PETA不只反皮草，他們還推動把魚改名叫「sea
kitten」海底小貓咪，呼籲大家少吃魚類的神奇活動）。反對
皮草的運動在一九八○、一九九○年代達到了高峰，一直到
現在都還熱潮不減，從Naomi一干名模裸體拍攝的反皮草
廣告，到激進人士闖進服裝秀高舉抗議標語或潑紅漆，乃至
於幾年前有人在Vogue的編輯，Anna Wintour頭上砸了一
個派（而且當然是豆腐做的素派），都是令人印象深刻的反
皮草事件。

　　皮草爭論由來已久，這畢竟不是真理，沒有愈辯愈明的一
天，愈討論下去只有愈來愈混亂，反對皮草者可以聲淚俱
下，控訴動物遭到多不人道的對待，無辜的生命被殘忍的殺
害只為了滿足虛榮，而想穿的人還是照穿，這兩種人看似永

PETA
善待動物組織的英文縮寫。最為人
所知的應該是反對皮草，所以有衝
進服裝秀抗議，在皮草大衣上潑紅
漆的驚人之舉，但該組織善待的不
只是做皮草的哺乳類，天下動物他
們都認為該善待，不只雞鴨等鳥
類，不只海裡游的魚蝦蟹，連所謂
的害蟲如蟑螂老鼠他們都認為該善
待。

遠也不會有交會的一天，但他們有著一個重要的共通點。

穿用皮草固然奢侈，愛護動物反對皮草，也是使人心驚肉跳的奢侈，愛護動物組織每年投下驚人的資源在愛護動物，渾然忘卻了跟自己同樣的人類世界裡，仍然有著飢餓、戰爭和恐怖，穿皮草的人在愛護動物人士的心中反正就跟庫伊拉一樣邪惡又缺乏良心，但這些可以為了雪貂或海豚的命運聲淚俱下的善心人，卻同時也相對忽略了世界上許多角落需要救援的人們，這種把資源不合理的集中在次要的事上，對我來說就是一種奢侈。穿皮草是時尚，反皮草何嘗不是，一樣是追求自我感覺良好，其實兩方面殊途同歸。

帕金森的無關緊要定律

除了奢侈以外，時尚本身做為一種無關緊要的東西，能夠得到那麼多的目光和重視，讓我想到其實它其實也是一種逃避，這就是知名的帕金森的無關緊要定律，帕金森是一個英國的學者，以研究公共事務而聞名，他提出一個理論，管理公共事務的人往往不花太多時間討論核子反應爐的建設，反而曠日廢時的在爭辯腳踏車棚的建設問題，這乍看之下很奇怪，因為核子反應爐不管是在複雜度和重要度上，都遠勝腳踏車棚，但人們可能認為核子反應爐過於專門，而且這事太嚴重了，自己不懂還是不要多談，相對的來說，大家都懂腳踏車棚（或自認為懂得腳踏車棚），出於某種逃避的心理，所以會曠日廢時的把精力花在這上面，而不是其實更重要的事情上面。

時尚就是這種東西，因為人生有太多頭緒需要釐清，所以不如先理個頭髮，既然不知道面對的是什麼，至少先掌握臉上的眉型唇色，這世間有太多難解的問題，至少我可以知道手上拿的包是什麼材質，穿的牛仔褲用什麼織法，或者什麼年份，沒法負擔更重要的東西，所以從眼前的小飾品小配件小物上得到一點安慰和休息，時尚的無關緊要性是一種遁逃，更是一種奢侈。

牛仔褲

由丹寧布料製成的褲子，因為其堅固耐磨的材質及製作方法，原本是工人的工作服，二十世紀以來已成為當代最重要的衣物。聖羅蘭說：「我常說我希望我發明了牛仔褲，最偉大、最實用也最冷靜的服飾。它有個性又低調，既性感又簡單，具備所有我希望我作品裡有的元素。」女明星必備台詞「我平常是很隨性的，總是T恤和牛仔褲就出門」。但現在市面上很多隨便價錢破千美元的設計師T恤和牛仔褲，所以T恤和牛仔褲根本不能等於隨性簡單。

日本的各式化妝小道具
我想找一張零碎東西的圖，比如小
首飾或者配件之類，結果找到這個
日本古代的梳妝用具圖，這種圖鑑
型的東西，還是日本人厲害，想起
小時候津津有味看日本雜誌裡每一
個細節每一樣東西的美好回憶了。

關於無關緊要，
我認為以下的概念或事物可供參考：

整修眼部的工具

袖扣

扇子

性感內衣

皮革樣本

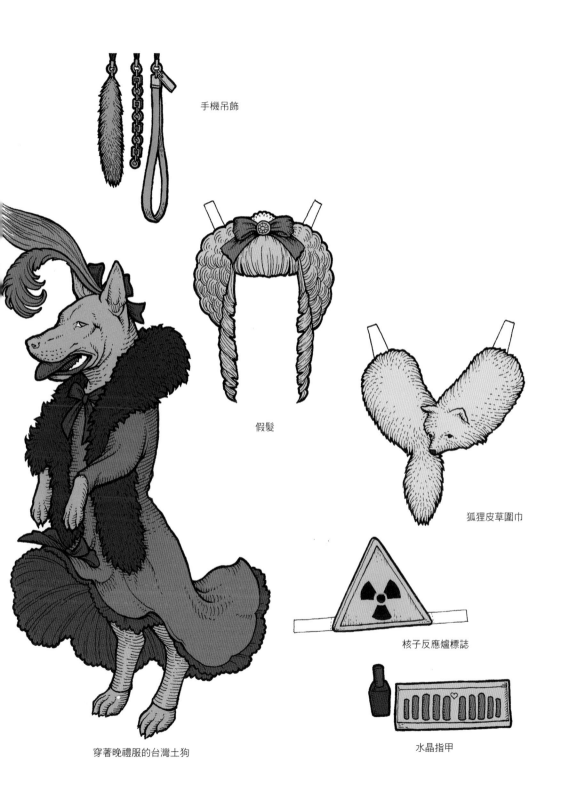

手機吊飾

假髮

狐狸皮草圍巾

核子反應爐標誌

水晶指甲

穿著晚禮服的台灣土狗

大變身

把本來光芒四射的鑽石弄得比較不亮，

要比把本來普通的石頭打磨成鑽石容易得多了，

所以在所有的青春校園電影裡，

那些不起眼的女孩大改造之後都變成讓男主角眼前一亮的美女，

其實不是因為大改造真能成功，

而是因為那些不起眼的裝扮，才是真正在角色扮演的地方。

　　要談大變身，不能不講到奧黛麗赫本。奧黛麗赫本是永遠的銀幕女神，有史以來最時尚的女性，她的風格歷久彌新，是所有人的偶像。而在她傳世的經典電影作品裡幾乎總有個共通的元素，那就是變身。

　　《羅馬假期》中她從公主的身分逃離，當了一天的普通女孩；在《龍鳳配》裡，她本來是土氣的司機女兒，爬在樹上偷窺暗戀的老闆兒子；在《甜姊兒》裡，她本來是書呆子書店店員，成天埋首於艱澀的哲學書籍中；《窈窕淑女》裡她本來是一口土腔的賣花女，甚至《第凡內早餐》裡也提過，她本來是個鄉下姑娘，而這些角色的共通點是什麼？《羅馬假期》的最後她帶著一個比較時尚的髮型回到公主的身份，在《龍鳳配》裡她去了巴黎留學，在《甜姐兒》裡她遇上時尚雜誌的攝影師和編輯，在《窈窕淑女》裡她碰見語言學教授，在《第凡內早餐》裡她遇上一個送她去學法文的經紀人……然後，條條大路通羅馬，她總在電影的後半段，總是讓人眼前一亮的，蛻變成我們所熟知的那個奧黛麗赫本。

真正的關鍵

　　所以，大家從這些電影裡如果學到東西的話，是什麼？我們該去巴黎留學，該多研讀時尚雜誌，要學好一口漂亮發音的語言，要剪個適合自己的髮型，要找到真愛？這些都對，但其實我從裡面得到的真正教訓，是扮醜和變美同等重要。

　　不只奧黛麗赫本這麼女性化的偶像，在陽剛的世界裡也一樣，《追殺比爾》這部電影裡面的比爾也說過，超人這個角色的精髓在於他本質是超人，只是平常扮成克拉克肯特，奧黛麗赫本的電影之所以那麼成功，其實是因為她挑選了一個比較省力的路徑，把本來光芒四射的鑽石弄得比較不亮，要比把本來普通的石頭打磨成鑽石容易得多了，所以在所有的青春校園電影裡，那些不起眼的女孩大改造之後都變成讓男主角眼前一亮的美女，其實不是因為大改造真能成功，而是因為那些不起眼的裝扮，那副眼鏡，那身寬鬆的大地色衣

著，才是真正在角色扮演的地方。

大變身的重要道具

因此，制服其實是一個很好的選擇，所謂的制服，不只是上學或有些公司規定你要穿的衣服，也可以延伸解釋到一個約定俗成的服裝組合，比如上班族的西裝，OL的窄裙加襯衫，或者時下年輕人的T恤和牛仔褲。

維多利亞時期的知名作家卡萊爾曾經說過：「我愈思考社會的本質，愈是驚訝的發現，社會竟是由服飾建構而成。」事實上，不光社會由服飾建構而成，我們也藉由服飾來表達自己是誰，更多時候，別人藉由服飾來了解我們，制服傳達的訊息不只讓看的人一目了然，也讓穿著的人感到歸屬與安全，除了這兩個訊息以外，制服代表的是一種融入群體，像大海裡迴游的魚群，不仔細看，分不出這隻和那隻有什麼差別。

制服這詞很奇妙的，同時代表「用力量使人屈服」及「規定式樣的服裝」，這兩個解釋對我來說是一樣的，服裝規定代表的其實是一種掌控的權力，連衣服都不能自己選擇（或者由「他們」替你選擇衣服），代表被某種更強大的力量控制，說真的，那些力量常常缺乏美感與同情心，端看本地大部分的學校制服便知（但從那恐怖搭配來看他們倒不乏幽默感，惡整別人的那種），但，我想很多人都有這種共同的經驗，在便服日看到平常熟悉的同學，如果打扮出奇的有品味，往往令人強烈的有種眼前一亮的感覺，在有品味之外，也可能是露出了平常穿著制服不會露出的身體部位，讓人視覺上感到新鮮的刺激。

福塞爾在他探討制服的著作裡說該書主題之一是「探討歸屬感帶來的安逸與虛榮」，不管制服多麼荒謬或醜陋，這服裝代表隸屬某團體的象徵價值絕對大於其美感價值，從醫師服到法袍都是。當然，還有校服，我有個（呃，相當多年前）就讀於知名女中的朋友說她永遠忘不了開學第一天穿上

那套色澤其實很可怕的綠制服走在路上的陶然感受，我們少有機會告訴擦肩而過的路人我們有多麼努力或在這外表下其實還有超高智商，制服就替我們說了那些說不出口的得意和虛榮，而除了這點以外，在不用煩惱選擇的安逸之外，它還是一個很好的偽裝。

安逸與偽裝

　　身著制服通常代表這人受到某種程度的社會制約，是可預測，可受控制的，有個社會學家做過實驗，假裝在車站掉了錢包向路人借錢，打著領帶一身辦公室制服打扮的他比沒打領帶時多借到好幾倍的金額，我們沒空也無力辨識一個人的內涵，制服則是對這人的一個註腳，像字典裡多少有點幫助的解釋。

　　當代強調個人的獨特價值，但在身穿制服的時刻，我們其實又感受到「跟別人一樣」很令人放鬆，覺得倫敦死氣沉沉需要有人穿上大膽鮮豔衣著的D.H.勞倫斯，也同時認為「要帶著一身亮麗的羽毛在死板的習俗面前快樂翱翔，需要極高的勇氣」，每天披著亮麗羽毛翱翔不只需要勇氣，其實也是很累人的，而且萬一有天你的羽毛沒那麼亮麗了，難免讓看的人傷心慘目，覺得你大不如前，人可以換衣服的好處在於，亮麗的羽毛可以在重要的時刻披上，在平日一身約定俗成的服裝不只輕鬆省事，其實也更加強了你披上亮麗羽毛以後的戲劇效果。

　　想要整天讓大家的目光集中在你身上，不只要耗費許多沒有必要的心神，其實根本上來說也是一件不可能的事情，別人在看你的時候絕對沒有你想像中仔細，一旦別人把你歸類到「總是很華麗」、「總是奇裝異服」，就不會有人再多看你的精心打扮一眼了，就好像Lady Gaga的衣著其實是一種成功的喬裝，我敢保證她可以素顏穿著運動外套和牛仔褲在街上逛而不被人打擾，因為根本沒人認得普通狀態的她啊，而且，在把大家的胃口養大了以後，Lady Gaga不管怎樣都有

別人的目光

基本上，說什麼我做我自己不在意別人的目光，本身就是矛盾的，如果不在意別人的目光，表示這個想法一開始就不會出現在腦海，而且我也不太相信這世上有完全不在意的人，重點是，有許多人妄想讓自己看上去比實際上更好，事實上要作到那樣很難，不如培養出良好的自我感覺容易。

讓大眾失望的危機，這是一件不可不慎的事情。

羽毛與整隻雞

舉性感女星的例子來說，如果太常露乳溝，照相時最常擺的姿勢就是向前傾的話，從此大家只會追求妳的衣領愈開愈下面，裙子愈剪愈高衩，而且露也有個極限，一但到達極限，妳就會有走不下去的危機，因為就算是翻出來給人看都有個限度，一味的追求裸露的話，在露過量露過點露過底褲露過沒穿底褲以後，最後可能要發超音波的內臟照或者X光片的骨骼照給記者才夠重口味，這是一件不可不慎的事，阿言德的《春膳》裡面說「情色用一根羽毛，春宮用整隻雞」，用一根羽毛可以作到的事情，沒必要那麼辛苦把整隻雞的腿扯開還往裡面猛塞東西。

性感是大變身常用的一個主題，但性感要引人注目，要露得有技巧，最重要的是必須要曾經包緊過，要曾經可愛無邪過，偶然性感一下才能獲得強烈的效果，比如從來就是賽車女郎的女星拍攝男性雜誌的性感封面照，所得到的迴響，絕對比不上本來是兒童台主持人或者清純玉女小露性感來的大，相同的內餡會因為包裝和打開包裝的方式而產生非常不同的效果，所以，比如在頒獎典禮首次展露性感身材就比普通的記者會要值得，在形象比較有質感的雜誌由攝影大師拍攝性感照就遠勝隨便上什麼獨家報導大談性生活。

另外一個重點，是要把握好頻率，常常這樣就喪失了新鮮感，第一次只有一次當然不可不慎，但其實第二次，第三次間隔的頻率也一樣重要，就好像卡通裡面的美少女也不會一天到晚都用超能力，平常還是做普通女學生打扮，只有在必要的時候才會變身。

小露性感

性感就性感，小露是什麼意思？通常這詞都用在玉女偶像之類少女（不見得真的是年紀小，更多時候是種形象）想長大（好像這種事是你可以控制的一樣）的時候，也就是萬年老套的「以一件低胸的服裝小露性感，讓在場的人驚呼小女孩長大了」。小露代表的是種淺嚐即止的節制，像開味菜。

好品味與壞品味

所以我們在學習好品味的同時，其實更需要一點壞品味的

幫助，尼采說，品味是天秤，也是被秤的東西，又是秤的
人。品味同時是被判斷的客體，和從事判斷的主體。從柏拉
圖開始，美學有著悠久的歷史，但一直到十九世紀開始社會
學的階級區分掛勾，這一切才開始有趣起來。

英國有個人說過壞品味勝過沒品味，所謂的沒品味，是一
種欠缺，是在需要用到美學的價值判斷時，大腦就自動關閉
的狀態，而所謂的壞品味，跟好品味一樣，都是一種經過
選擇的美學經驗，世面上多少令人讚嘆驚奇甚至大爆笑的造
型，其實也自有美學抉擇在裡面，去除「覺得這樣好看」這
種審美判斷，很難解釋那些厚底螢光色高跟鞋，靈感來自海
洋生物的怪異裝束，或者貼滿小花水鑽的水晶指甲有任何實
用性的理由。

至於誰來決定這品味是好是壞，有很多理論，康德等早期
的理論家認為那是一種天賜的東西，跟石油或溫泉一樣，有
就是有，沒有就是沒有，而布爾迪厄等近代社會學家，則
認為品味是一種教育及社會資源和階級的展現。理論百家爭
鳴，但都只對了一部分，品味固然會隨著時代的推移而演
變，但也有些標準是不會改變的，我認為，所謂的壞品味和
好品味的區別，就在於壞品味是一種「太多」的狀態，這個
也好，那個也要，不知何時該停手，造就了壞品味。

有種高雅尊貴的香水原料叫作龍涎香，這東西的真面目其
實是抹香鯨的腸道分泌物，抹香鯨喜歡吃大章魚，大章魚的
嘴（就是鹹酥雞攤子賣的「炸龍珠」）有堅硬的牙齒，鯨魚吞
了不消化，所以腸子裡分泌出這種東西來包裹它，成塊的漂
浮在海面上時，不管看起來，聞起來都像排泄物，但適度的
只用一點點，卻可以讓香水畫龍點睛，壞品味在時尚裡面起
的作用，大約就是這樣，藉由在完美裡面添加一點壞品味，
可以讓人更為游刃有餘，不需要總是完美，尚方寶劍或御賜
黃馬褂也是要在危急時出場才有意思，一天到晚穿在身上難
免有點無聊。

龍涎香
印象很深的是在電影《人魔》裡面
女主角追查漢尼拔醫生寄來的一封
信，讓香水專家聞信上的香味找線
索的片段（田納西薰衣草，羊毛，
龍涎香），然後因為龍涎香只在世
界上的少數地區合法並有售，因此
找到線索的片段，我個人則還不太
確定那到底是什麼氣味。

　　扮美是大家的終極目標，整個時尚的目的，不管成果如何，都是一種讓你看起來比實際上的情況更怎麼樣的一種努力，但每天維持巔峰狀態是很累人的，而且到達所謂的巔峰以後，不可避免的就是下坡，無止境的上坡固然很好，但那是不可能的事情，能夠在巔峰前徘徊多待一段時間，甚至回頭往下走，或慢些走，反而是更好的狀態，如果人生是不斷的往巔峰前進，我建議你不要在山頂上紮營，找到巔峰以後往回頭走一點，那才是你安身的好地方。

　　大家都喜歡大變身的戲劇效果，本來的普通人，忽然變得光彩四射，變得性感，變得高雅，令人眼前一亮，這是大家的夢想，我總是想，還好有張曼玉，她從本來兔寶寶牙穿著土氣洋裝頭頂蝴蝶結有點傻頭傻腦的玉女，變成現在時髦高雅，氣質出眾的成熟女性，是真正的大變身，結果我朋友告訴我，她從小在英國成長，當過模特兒，得過選美裡的最上鏡頭獎，原來她那土氣形象是扮出來的！這一點對我來說是一記當頭棒喝，大變身的精髓不在變美，在於先前的扮醜啊。仔細想想不只非常的合邏輯，而且比由醜變美簡單多了，所以說一副眼鏡，一雙平底鞋，或者不是那麼對的衣服其實非常的重要，大變身的訣竅在於，先找出自己最美的樣子，然後從那點往回走幾步，弄亂一點，少完美一點，當作日常生活用的造型，在重要場合時才火力全開，每個女孩內在都有一點奧黛麗赫本，平日在你的美好自我外面加上一點平凡的偽裝，在真正需要光彩四射的時刻，那效果就會加倍的強烈。

LOCUS

LOCUS

LOCUS

LOCUS